Contino Editori
Saggi

II edizione Contino Editori Giugno 2014
ISBN : 978-88-99049-05-8

Dal buio della sala alla luce del grande schermo

Donne e bambini al cinematografo

Adriano Sgobba

Introduzione

Tentare di definire il punto d'incontro tra due discipline di studio diverse e potenzialmente complementari come la pedagogia ed il cinema, non può prescindere da un'analisi che ne definisca, innanzitutto, lo specifico contesto storico in cui può essersi verificato il primo contatto solidale tra le due discipline.
Nel periodo delle origini del cinematografo e cioè negli stessi anni in cui il nuovo "veicolo emozionale" tentava, attraverso speculazioni teoriche di affermarsi come espressione artistica, l'applicazione come strumento educativo del cinema occupò uno spazio sempre più ampio nei dibattiti critici.
Il cinema italiano aveva, fin dal suo "atto di nascita", un'assoluta vocazione educativa, una volontà concreta di insegnare la Storia ed i sentimenti di coesione nazionale, oltre all'attitudine di porsi come mezzo di propaganda delle ideologie socio-politiche dominati.
Il potenziale punto d'incontro tra la pedagogia ed il cinema è quindi

identificabile fin da subito: lo spettatore.

Studiare la spettatorialità nel periodo del cinema muto, intreccia le analisi pedagogiche e quelle cinematografiche a indagini di natura psicologica e psicoanalitica atte a definire quanto, come e perché lo spettatore resti coinvolto dalle immagini proiettate su uno schermo. L'interdisciplinarietà di questo studio pone, immediatamente in rilievo anche un'altra questione, prettamente di "genere". Se la pedagogia era una disciplina in mano alla componente femminile della società del primo Novecento, l'estetica artistica dominante era prettamente maschile e ciò comportò la progressiva cancellazione delle tracce femminili dalla storiografia tradizionale per quanto concerne il dibattito critico e teorico sul cinematografo. Solo recentemente si è avuta l'occasione di considerare i numerosissimi scritti di pedagoghe, autrici e semplici appassionate di cinema, che non risparmiarono di pronunciarsi sul cinematografo e sulle sue possibili applicazioni in campo educativo. Nell'ambito degli studi confluiti nel numero 570 della rivista «Bianco e Nero» intitolato *Gesti silenziosi. Presenze femminili nel cinema muto italiano*, si è posta in evidenza la figura di una pedagoga pienamente e consciamente coinvolta nel dibattito teorico intorno al cinema: Angelina Buracci, autrice che è possibile definire una pioniera protofemminista, affrontò in maniera assolutamente consapevole lo studio del cinematografo applicato alla pedagogia. La Buracci indagò i meccanismi di ricezione infantile, analizzò le produzioni cinematografiche e tracciò le linee guida per un giusto utilizzo del *medium* che potesse giovare ai più piccoli. I bambini, del resto, furono rappresentati dal cinema fin dalle primissime proiezioni e diventarono i mediatori ideali per veicolare informazioni ed emozioni destinate anche a spettatori adulti.

Tra le tante produzioni interpretate e concepite per un pubblico di bambini, la recentissima scoperta del film *Umanità* della pioniera Elvira Giallanella rappresenta la sintesi ideale tra istanze artistiche femminili, intenti pedagogici ed ideologia pacifista ai tempi della Grande Guerra. Proprio la guerra è uno dei temi storici più frequentemente trattati dal cinematografo che, sfruttando la componente infantile per edulcorare i messaggi, intendeva educare alla coesione nazionale tutto il popolo italiano.

La storia delle donne e dei bambini nel contesto della storia del cinema delle origini è lo spunto di diversi studi recenti, tesi a restituire tutto ciò che la storiografia tradizionale aveva mancato di sottolineare e cioè l'innata attitudine del mezzo cinematografico di raccontare microstorie, insegnando la Storia.

Capitolo primo

Scritti e temi interdisciplinari.

1.1 Lo spettatore: alle origini dell'*homo cinematographicus*.

Già nei primissimi anni della sua affermazione, il cinematografo si impose come mezzo deputato alla formazione di una specifica spettatorialità che nutrisse di immagini la propria emozionalità, non rinunciando ad alimentare la propria educazione morale. Parallelamente al dibattito sull'esistenza e sull'insistenza dell'azione pedagogica attuata dal mezzo cinematografico, l'elaborazione teorica stabilì a partire dai primi anni del Novecento i criteri per studiare ciò che Brunetta definisce «la storia e la geografia mentale di uno spettatore»[1]. Basata inizialmente su una forte distinzione sessuale del pubblico, l'idea di spettatore si fondava sulla capacità di ogni individuo di gestire l'emozionalità in modo che questa non sopravanzasse mai la razionalità. Nel 1907 Giovanni Papini nel suo saggio *Filosofia del cinematografo* affermava:

> I filosofi, per quanto uomini ritirati e nemici del chiasso, farebbero molto male a lasciare codesti nuovi stabilimenti di passatempo alla semplice curiosità dei ragazzi, delle signore e degli uomini comuni.[2]

In sostanza Papini metteva in guardia gli intellettuali dal sottovalutare il cinematografo che oltre a provocare possibili disagi emotivi se lasciato nelle mani delle categorie sociali con meno controllo delle emozioni (donne e bambini), avrebbe portato al mancato sfruttamento di un mezzo espressivo che doveva necessariamente essere dominato dall'estetica maschile. Il concetto che sta alla base del pensiero di Papini e successivamente di altri teorici[3] è chiaro: il fatto che il pubblico sia composto in gran parte da donne e bambini, i quali non possiedono un controllo psicologico dell'emozioni né quindi la capacità di speculare su di esse, renderebbe impossibile la nascita di una riflessione cinematografica di qualsiasi tipo. La speculazione teorica sulla spettatorialità alimentò fin da subito il dibattito critico su come e perché il cinematografo attirasse lo spettatore nel buio della sala. Nel 1916 Guido Gozzano pubblicava l'articolo *Il nastro di celluloide e i serpi di Laocoonte*, nel quale rintracciava i motivi che spingevano sempre più persone alle proiezioni:

---

[1] G. P. BRUNETTA, *Buio in sala*, Venezia, Marsilio, 1989, cit., p. XV.
[2] G. PAPINI, *La filosofia del cinematografo* in «La Stampa», 18 maggio 1907, cit., p. 1.
[3] Si vedano a riguardo: A. GERBI, *Invito alle delizie del cinematografo*, in «Il Convegno», VII, 11-12, 25 novembre-25 dicembre 1926, pp. 836-848; C. D'ERRICO, *La donna di ieri*, in «Il Mondo a lo Schermo», I, 10, 18 luglio 1926, pp. 9-10; C. MARIANI DELL'ANGUILLARA, *Avventura cinematografica*, in «Lo Schermo», I, 1, 23 agosto 1926, pp. 11-12.

Ci sono sere vuote, quando si consulta invano la lista dei teatri, dove non c'è cosa che valga tre ore consecutive, o si ripete la produzione sentita per l'ennesima volta, sere in cui il cervello stanco non ha forza d'attenzione e non desidera la buona commedia e il buon attore, così come non si desidera il buon libro; sere negate al cervello, all'arte. E si pensa all'ora a una cosa leggera, non faticosa, che non sia il teatro, ma che sia un pochino di più del caffè o del club con le sue riviste e i suoi amici annoiati, o delle pietose turpitudini del caffè di varietà; e allora il cinematografo offre questo quid medium.[4]

Nel 1917 Annie Vivanti in un articolo intitolato *Secondo me...* individuava nella sala cinematografica il posto ideale per spogliarsi dalle etichette sociali e garantirsi un «riposo intellettuale»:

> Fatevi anche voi, o dolci lettrici, un esame di coscienza. Al momento di recarvi a un pranzo d'etichetta o a un concerto classico, ad una esposizione di quadri antichi o ad una plumbea conferenza di un parlatore alla moda [...], guardatevi bene in fondo al cuore e ditemi: non preferireste forse anche voi andare al cinematografo? Qualcuno mi dirà: ma perché proprio al cinematografo? Perché non al teatro o altrove? Per una quantità di ragioni. [...] Seduti nella sala del cinematografo troviamo il riposo intellettuale e completo. Al cinematografo [...] si sta placide ed inerti, sprofondate nella seggiola, sotto l'ombra benefica del cappello à cloche, e non si conversa, non si brilla, non si è, né si può essere, spiritose o caustiche, argute o mordaci.[...].[5]

La scoperta della sala cinematografica come zona franca in cui si consuma l'esplosione di un fenomeno sociale ricco di risvolti e sfaccettature divenne successivamente il contesto spaziale di studi analitici metapsicologici sul meccanismo della visione filmica. Per Christian Metz il pubblico non è una collettività, è solo una somma di individui chiusi ciascuno dentro il proprio sogno, ciascuno intento a vivere la propria personalissima esperienza filmica[6]. L'esperienza del film è secondo lo studioso francese un'«allucinazione paradossale»[7]: Metz parla di "allucinazione" perché lo spettatore tende a confondere due distinti livelli di realtà, che di norma la percezione ha ben chiari e

---

[4] G. GOZZANO, *Il nastro di celluloide e i serpi di Laocoonte*, in «La Donna», XII, 273, 5 maggio 1916, cit., p. 10.
[5] A. VIVANTI, *Secondo me...*, in «La Donna», XIII, 294, 15 giugno 1917, cit., p. 24.
[6] C. METZ, *Cinema e psicanalisi*, Venezia, Marsilio, 2002, pp. 107-138.
[7] Ivi, p. 110.

di "paradossale" perché questa manca di quel carattere totalmente endogeno tipico di ogni visione allucinata[8]. Diversamente da quanto teorizzava Gustav Le Bon in *Psicologia delle folle*[9], per Metz il pubblico è costituito da molti spettatori solitari e non da un unico spettatore collettivo generatosi da un'unica esperienza di contagio emozionale. Sandro Bernardi ipotizza una possibile fusione tra le due tipologie di spettatore (spettatore solitario, spettatore collettivo) basata sulla duplice natura dello spazio in cui la spettatorialità si manifesta: la sala cinematografica non è solo portatrice di tenebrosi piaceri propri di una dimensione onirica, ma anche uno spazio freddo di un'autoanalisi in cui la poltrona assomiglia sempre più al lettino da psicanalista[10]. La visione diventa un'esperienza in cui la presunta opera d'arte (il film) si presenta come un «oggetto» da esperire, leggere, guardare, un oggetto che trova proprio nel rapporto con il destinatario la sua realizzazione[11].

La natura di «oggetto» propria del testo filmico non è però immutabile, perché alla sua formazione concorrono molti fattori e con il cambiare di questi fattori si modifica anche il testo. Lo studioso Roger Odin, indagando il rapporto tra film e contesto di lettura, individua tre agenti o condizioni di Lettura, chiamate L 1, L 2, L 3[12]. La prima figura (L 1) è il lettore prodotto dal film: l'enunciatario nella sua concezione classica, lo spettatore dentro il film. La seconda figura (L 2) è costituita dallo Spazio Culturale in cui viene visto o analizzato il film. È il contesto di lettura: la serie dei codici di cui dispone un lettore, un contesto storico che cambia con il tempo e con il luogo. L'ultima figura (L 3) riguarda lo Spazio Istituzionale in cui viene visto il film: la sala, i luoghi della visione che determinano la stessa in modo non indifferente[13].

In particolare, il modo in cui il lettore attribuisce senso al testo consiste nell'elaborazione di determinate procedure, di una serie di tattiche, di operazioni che gli permettono di cogliere significati e

---

[8] *Ibidem.*
[9] G. Le Bon, *Psicologia delle folle*, Milano, Mondadori, 1980.
[10] S. Bernardi, *Introduzione alla retorica del cinema*, Firenze, Le Lettere, 1995, p. 174.
[11] *Ibidem.*
[12] R. Odin, *Della finzione*, Milano, Vita e Pensiero, 2004.
[13] S. Bernardi, *Introduzione alla retorica*, cit., p. 175.

affetti. Odin elenca una serie di modalità di produzione di senso, riconducibili ad altrettanti modi di lettura da parte dello spettatore, rinvenuti in base agli effetti che producono sui destinatari: *mode spectaculaire*, *mode fictionnalisant*, *mode fabulisant*, *mode documentaire*, *mode argumentatif/persuasif*, *mode artistique*, *mode estétique*, *mode énergétique* e *mode privé*[14]. Il modo di produzione di senso più naturale, tipico della fruizione cinematografica in sala, è quello *finzionalizzante* che mira a rendere partecipe lo spettatore delle vicende narrate. Al contrario il modo *spettacolarizzante* punta a fare evadere lo spettatore, dandogli la sensazione di assistere ad uno spettacolo più che ad un racconto: si tratta di una modalità frequente nel periodo delle origini del cinema. Il modo *favolizzante* invece tende a strutturarsi in due fasi contemporanee e subordinate l'una all'altra: la prima è costituita da un processo di discorsivizzazione e di costruzione di un enunciatore reale, mentre la seconda consiste in una narrazione di cui è responsabile un enunciatore fittizio che, come per tutti i racconti, opera la costruzione di un mondo. Qualora però il racconto prevalga sul discorso, l'effetto "favola" si trasforma in effetto "finzione". Il modo *documentarizzante* si applica ogni volta in cui il testo viene percepito come "documento della realtà", ossia quando produce informazioni che lo spettatore coglie come vere. L'effetto di veridicità è dato, non dalle informazioni, ma da un enunciatore percepito come reale ed appartenente allo stesso mondo dello spettatore, così da poter essere interrogato in rapporto al discorso che va svolgendo. Il modo *argomentativo/persuasivo*, che si applica solitamente ai film didattici, mira a fare un discorso, costruendo un enunciatore autorevole e abilitato a svolgerlo; il modo *artistico* implica l'attenzione ad un film in quanto lavoro di un autore come nel caso di film d'arte; il modo *estetico* invece comporta un interesse per il lavoro che si compie a livello delle immagini e del suono. Il modo *energizzante* prevede un coinvolgimento diretto dello spettatore nel ritmo del testo ed infine il modo *privato,* proprio dei film di famiglia o amatoriali in quanto prodotti e consumati all'interno di uno specifico

---

[14] Per le teorie dei modi di ricezione di Roger Odin si veda P. MALAVASI, S. POLENGHI, P. C. RIVOLTELLA (a cura di), *Cinema, pratiche formative, educazione*, Milano, Vita e Pensiero, 2005, p. 113.

contesto, produce l'effetto di un ritorno sul vissuto personale, rafforzando l'identità e la coesione del gruppo. Odin sottolinea come questi *modi* possano essere mobilitati contemporaneamente e a diversi livelli: la loro gerarchizzazione dipende dal testo e dal contesto della lettura[15].

I tre agenti ed i nove modi di lettura teorizzati da Odin, possono illusoriamente convergere in un unico modello forte che, come il Modello di Rappresentazione Istituzionale di cui scrive Burch[16], origina una lettura piana ed univoca delle immagini e determina una singola tipologia di ricezione e quindi di spettatore; ma se le istanze divergono, daranno origine a diverse tipologie di spettatori che pur fondendosi con gli altri nell'atto della visione, non verranno mai meno a loro stessi ed alla propria individualità emozionale, sia questa maschile o femminile.

In tempi più recenti e sulla scia degli assunti teorici che definiscono molteplice la natura della ricezione e quindi dello spettatore, Gian Piero Brunetta rileva come la storia dell'*homo cinematographicus* s'iscriva sullo schermo e s'incroci con quelle dei personaggi di celluloide che a loro volta rivivono vite diverse, a seconda dei tempi che passano e delle cose che accadono fuori dalla sala cinematografica[17]. Brunetta raccoglie una vastissima serie di citazioni sotto forma di ricordi, testimonianze scritte, pubbliche, letterarie, private che vanno da esperienze di visioni di film per l'infanzia da parte di giovanissimi spettatori, fino alla visione più matura operata da quello che viene definito *icononauta*[18]: lo spettatore consumatore endemico di immagini, il cui appetito è generato dalla lunga permanenza in sala[19]. Lo spettatore agisce in una spazialità complessa e diversificata in cinque tipologie di spazio: lo *spazio visivo*, cioè la dimensione privilegiata tesa a stabilire punti di raccordo tra lo sguardo e l'intero complesso di dimensioni circostanti; lo *spazio tattile* o *termico* cioè il luogo in cui si realizzano distinte e complementari

---

[15] Ivi, pp. 114-115.
[16] N. BURCH, *Il lucernario dell'infinito. Nascita del linguaggio cinematografico*, Milano, Il Castoro, 2001.
[17] G. P. BRUNETTA, *Buio in sala...*, p. XIV.
[18] Per la definizione di *icononauta* cfr. G. P. BRUNETTA, *Il viaggio dell'icononauta. Dalla camera oscura di Leonardo alla luce dei Lumière*, Venezia, Marsilio, 2009, pp. 15 sgg.
[19] G. P. BRUNETTA, *Buio in sala...*, p. XXI.

possibilità di contatti (reali o immaginari) come sfregamenti, collisioni, compenetrazioni tra diversi elementi mobili di conversione del calore accumulato dal movimento in energia emotiva, sessuale o solo cinetica; lo *spazio uditivo* (che anche all'epoca del cinema muto era ugualmente valorizzato) il luogo in cui lo spettatore distingueva l'insieme dei suoni che lo avvolgevano insieme al buio della sala; *lo spazio olfattivo* in cui lo spettatore è assalito dai profumi di cui è intriso il luogo della visione ed in ultimo lo *spazio intermedio tra realtà e sogno* dove si incontrano immagini mentali, immagini reali e proiezioni fantasmatiche[20].

Bernardi sottolinea come nelle varie elaborazioni teoriche, lo spettatore sia stato analizzato come entità singola o collettiva, come interprete o come soggetto estetico, ritornando spesso a quanto teorizzato da Ėjzenštejn nel 1938: il regista-teorico sovietico, con il suo complesso concetto di *obraz* (immagine mentale) distinto da *isobrazenje* (immagine visiva) affermava come i due sensi del film (quello autoriale e quello spettatoriale), siano diversi e come diverse siano le immagini che gli spettatori si formano guardando lo stesso film[21].

> [...] in realtà ogni spettatore, in conformità con la propria individualità, a modo suo, a seconda della propria esperienza, del tipo di fantasia, della trama di associazione, in base al carattere, al temperamento e alla classe sociale cui appartiene, crea l'immagine partendo proprio da quelle rappresentazioni-guida suggeritegli dall'autore[...] Si tratta dunque di un'immagine che è stata ideata e creata dall'autore, ma contemporaneamente anche di un' immagine creata dallo spettatore grazie ad un suo personale atto creativo [...] Non è un caso se abbiamo istituito un parallelo tra i due diversi metodi di montaggio *nella creazione da parte dello spettatore e nella creazione da parte dell'attore.*[22]

Lo spettatore è quindi interprete per Ėjzenštejn in doppio senso: non solo ricava dalla sequenza delle immagini un insieme di significati possibili, ma rivive dentro di sé ciò che il film rappresenta, ricrea

---

[20] Ivi, p. XXII.
[21] S. BERNARDI, *Introduzione alla retorica...*, pp. 184-186.
[22] S. M. ĖJEZENŠTEJN (a cura di P. Montani), *Il montaggio*, Venezia, Marsilio, 1986, cit., pp. 105-107.

l'evento e vi partecipa dall'interno. Così per il regista russo il film rivive nello spettatore a partire dal suo patrimonio intellettuale ed affettivo:

> Infatti, il compito che si pone in teatro è del tutto identico a quello che noi cerchiamo di eseguire nel cinema. Qui, dalla combinazione artificiale di alcuni metri di un nastro di celluloide coperta da uno strato di bromuro d'argento su cui balena la rappresentazione delle grigie ombre degli eventi, bisogna sudcitare una scossa emotiva nello spettatore, spingerlo a vivere e a sentire ciò che l'autore ha voluto. [...] In un caso come nell'altro è necessario creare, partendo da oggetti non reali una reale reviviscenza emotiva in un caso nello spettatore, nell'altro nell'attore che esegue gli stessi percorsi che producono la carica emozionale dello spettatore. In entrambi i casi il metodo di base è uno solo.[23]

In questo doppio senso, interpretare non significa più impoverire, ma significa, al contrario, arricchire. In ultima analisi va rilevato come tutta l'elaborazione teorica intorno allo spettatore ed alla ricezione sia stata fino ai tempi più recenti l'espressione del punto di vista maschile, che ha puntualmente mancato di prendere in considerazione l'esistenza di un soggetto femminile, relegandolo come semplice supporto, mera rappresentazione del desiderio maschile. L'allargamento delle prospettive volte ad isolare le tracce dello sguardo femminile presenti nel cinema, specialmente nel periodo delle origini, ha condotto ad una nuova e più generale teoria della visione, tutelando quelle che per molto tempo sono state considerate "minoranze visive" ignorate ed incomprese considerate come deviazioni private, mentre sono invece completamente autonome nella loro diversità. La questione della diversità spettatoriale (o autoriale) ha portato alle recentissime riscoperte di figure femminili che facevano cinema e che consumavano prodotti cinematografici. Pedagoghe appassionate di cinema, registe, produttrici, scrittrici tutte pienamente coinvolte nel dibattito teorico e critico che avevano contribuito direttamente e concretamente a quella storia cinematografica di cui ancora oggi si ricercano i tasselli mancanti. Se Pierre Sorlin affermava che il film sia

---

[23] S. M. ÈJEZENŠTEJN (a cura di P. Montani), *Teoria generale del montaggio*, Venezia, Marsilio, 1985, cit., pp. 170-171.

meno espressione di chi lo gira e più prodotto culturale di un gruppo ed espressione ideologica[24], oggi più che mai bisogna tener conto che quel gruppo culturale era costituito di uomini e donne consapevolmente coinvolti.

1.2 Pedagogia e cinema: donne e bambini al cinematografo.

Se le elaborazioni teoriche hanno imposto di studiare il meccanismo della visione nei suoi presupposti più o meno nascosti e nelle sue implicazioni, il cinema potrebbe e dovrebbe essere studiato come organizzazione di sguardi: sguardi di personaggi dentro lo sguardo principale che è quello della macchina da presa che a sua volta metaforizza il desiderio dello spettatore[25]. Il regime dello sguardo è ciò che governa il cinema come scrittura di un desiderio. Resta da stabilire di quale sguardo si tratti, giacché il cinema si è svolto quasi sempre sotto il regime di uno sguardo maschile.

La donna non è visibile fra il pubblico che è coniugato al maschile, poichè il presunto sguardo neutro dello spettatore è uno sguardo maschile; ma neppure in quanto personaggio la donna è soggetto dello sguardo: è sempre guardata da qualche personaggio maschile. Dagli anni Settanta grazie agli impulsi degli *Women's Studies* e successivamente alla creazione della *Feminist Film Theory*[26] si è iniziato ad affrontare il problema di un cinema al femminile, che vuol dire instaurare un diverso regime dello sguardo, un diverso piacere

---

[24] P. SORLIN, *Sociologia del cinema*, Milano, Garzanti, 1979, pp. 79-81.
[25] S. BERNARDI, *Introduzione alla retorica*...p. 186.
[26] Sulla nascita degli *Women's Studies* e della *Feminist Film Theory*, si veda G. BRUNO, M. NADOTTI (a cura di), *Immagini allo schermo, la spettatrice e il cinema*, Torino, Rosenberg & Sellier, 1991, pp. 7-19.

della visione, una diversa organizzazione del percorso visivo. Ciò vuol dire anche scoperta di nuovi spazi del visibile, di nuovi aspetti del mondo e delle relazioni umane, sconosciuti al cinema costruito da soggetti maschili. La donna appare finalmente come soggetto di uno sguardo e non più esclusivamente come oggetto[27].

Miriam Hansen, in uno studio sul rapporto film-spettatrice, ha indagato le deviazioni e le perversioni a cui è stato sottoposto il desiderio femminile nel cinema hollywoodiano[28]. La studiosa indaga il "fenomeno Valentino" perché, con i suoi film per la prima volta, le spettatrici venivano prese in considerazione in modo sistematico come gruppo socialmente ed economicamente significativo ed i film erano esplicitamente indirizzati ad un pubblico femminile, senza badare all'effettiva composizione dell'*audience*.

Su un piano voyeuristico, con un'ottica psicoanalitica, la Hansen cerca di individuare una posizione spettatoriale femminile e il rapporto fra la star e le sue innumerevoli fans e corrispondenti. Il sado-masochismo che si concentra nei personaggi interpretati da Valentino, il fatto che spesso l'attore venga nei suoi film spogliato e frustrato, è indice di una feticizzazione del corpo della star che comporta la distorsione del desiderio femminile, quali si manifestarono anche alla morte dell'attore con fenomeni di necrofilia molto diffusi fra le sue ammiratrici. Ponendo sullo stesso piano piacere spettatoriale e sistema gerarchico della differenza sessuale, il cinema classico americano implicò ciò che Mulvey definisce «una maschilizzazione dell'atteggiamento dello spettatore, indipendentemente dall'effettivo sesso di chi va al cinema»[29].

La Hansen individua dunque la specificità dei film di Valentino nel fatto che facciano convergere il piacere dello spettatore sull'immagine di un eroe maschio, sostituendo di fatto la donna nel ruolo di oggetto erotico e causando di conseguenza un corto circuito rispetto all'organizzazione della visione[30].

---

[27] L. MULVEY, *Cambiamenti: riflessioni su mito, narrazione e esperienza storica*, in G. BRUNO, M. NADOTTI (a cura di), *Immagini allo schermo...*, pp. 155-177.
[28] M. HANSEN, *Piacere, ambivalenza, identificazione: la spettatrice di fronte a Valentino*, in G. BRUNO, M. NADOTTI (a cura di), *Immagini allo schermo...*, pp. 83-111.
[29] L. MULVEY, *Piacere visivo e cinema narrativo*, in «Nuova DWF», n. 8, 1978.
[30] M. HANSEN, *Piacere, ambivalenza, identificazione...*, p. 86.

Grazie al punto di vista di queste ricerche femministe sul cinema, si è raggiunto un allargamento di prospettive e di argomenti. Non più soltanto critici, negativi, ma anche in positivo, volti ad isolare le componenti della femminilità presenti anche nel cinema delle origini. Nell'ambito di ricerche collettive sono stati fatti notevoli passi avanti, distinguendo soprattutto fra femminile e femminilità: non quindi fra i due sessi, ma fra due atteggiamenti, in cui anche gli uomini possono partecipare dal punto di vista femminile e viceversa. La questione della diversità sessuale, spettatoriale e autoriale, si ricollega così ad una riflessione più ampia sulle teorie della visione, non riducendosi ad un contenzioso tra i due sessi.

In particolare nel contesto storico delle origini del cinematografo, la componente femminile era tutt'altro che ascrivibile a quella sostanza fantasmatica in cui per anni è stata relegata dalla storiografia fortemente "maschilizzata". Nel suo aprirsi, quasi immediatamente, al coinvolgimento sistematico e reiterato del pubblico popolare, il nuovo *medium* istituì una sfera pubblica alternativa rispetto al modello borghese dominante, una sfera in cui donne e bambini non solo emergono alla luce del pubblico come soggetti del consumo, ma vi occupano un posto rilevante, perché ne rappresentano la quota prevalente.

Se Papini poneva l'accento (con tono fortemente discriminante e sessista) sulla forte predominanza femminile del pubblico delle sale, non era il solo giacché il modello borghese egemonicamente maschile aveva più volte esternato la bassezza culturale e morale degli spettacoli cinematografici e di chi li andava a vedere. Anton Giulio Bragaglia affermava nel 1916 in un articolo su «Cronache d'attualità»:

> La maggior parte della produzione odierna è assillata da tale ricerca di mezzi provocatori di sensazioni, le quali sono d'indole sottile e d'indole grossolane. Chi si preoccupadi nulla? Si pensa forse ai ragazzi, alle bambine, alle donne oneste che costituiscono il nucleo principale degli spettatori nei cinematografi?[31]

---

[31] B. GALARAGI [ANTON GIULIO BRAGAGLIA], *L'opera deleteria del cinematografo sulla morale delle folle e il mondo cinematografico intimo*, in «Cronache d'attualità», n. 2, 31 maggio 1916, p. 9.

Va notato come al di là delle questioni discriminanti, il dato della prevalenza femminile ed infantile, di cui si costituiva il pubblico, implichi una consapevolezza che merita di essere approfondita.
L'esperienza cinematografica delle donne è comunque rappresentata prima di tutto come un 'esperienza di corpi che agiscono, interagiscono e si esibiscono all'interno di una sala. La donna diventa così oggetto tangibile e palpabile del desiderio, oppure si predispone all'adulterio: non a caso quello della spettatrice adultera, insieme alla spettatrice molestata rappresenta uno dei primi modelli di costruzione discorsiva maschile dell'esperienza cinematografica femminile[32]. Questa esperienza si trasformò nel corso degli anni Dieci quando intervennero due fattori alimentati proprio dalla componente femminile: il divismo e la comparsa massiccia di scritti ed articoli che restituivano la parola alle donne intellettuali consumatrici di cinema.
Se il divismo scatenò un fenomeno iconografico e di imitazione dei modelli proposti nei diva-film, costruendo identità sociali alternative per le spettatrici, incoraggiando o inventando nuovi bisogni e nuovi desideri femminili, le donne di cultura si scagliavano sovente contro i medesimi modelli imposti dal consumismo cinematografico.
Il contesto sociale in cui si muovono le donne prima, durante e dopo la Prima Guerra Mondiale, è particolarmente difficile e complesso. In quel periodo la donna è un'entità fragile sia come individuo sia come soggetto sociale, non ha diritti, ma solo doveri, è considerata solo per le sue virtù materne, sul lavoro è sottopagata e vessata. La figura femminile è spesso relegata in luoghi e *cliché* che la pretendono sempre e solo bella e affabile. L'ideale di donna diffuso è legato a concezioni maschili: una donna che sappia stare al suo posto, una figura nella quale l'uomo possa trovare rifugio e consolazione quando lo desideri.
Se a partire dalla seconda metà dell'Ottocento i movimenti femminili iniziarono a smuovere il tessuto di luoghi comuni e stereotipi sulle donne, come il fatto d'essere ritenute di intelligenza inferiore agli uomini, ancora nel primo Novecento resistono le concezioni relative alla proverbiale isteria delle donne, alla loro credulità ed alla loro

---

[32] S. ALOVISIO, *La spettatrice muta. Il pubblico cinematografico femminile nell'Italia del primo Novecento*, in M. DALL'ASTA (a cura di), *Non solo dive...*, p. 275.

instabilità emozionale. Alle soglie della Grande Guerra, tutta l'Europa è percorsa da fermenti femministi e da gruppi organizzati di donne che si muovono per ottenere il riconoscimento dei loro diritti, ma la crisi politica ed il rapido propagarsi del conflitto bloccarono tutto. Se la guerra sembrò portare una sorta di parità tra i sessi, rovesciando i ruoli sociali e portando le donne ad occupare i posti di lavoro lasciati dagli uomini impeganti al fronte, dopo la guerra si ritornò al punto di partenza. Per di più negli anni Venti, la donna fu attirata nelle istituzioni borghesi delle commissioni di revisione per prestare il suo giudizio di madre di famiglia-spettatrice (quindi nuovamente inquadrata nell'ideale maschile borghese), per i dispositivi di controllo nell'ambito della riforma della censura del 22 aprile 1920[33].

Nonostante ciò una nuova consapevolezza femminile si era creata e a questa sono riconducibili i dibattiti di ambito cinematografico che impegnarono diverse pedagoghe. Una parte di quelle spettatrici dei primi anni del Novecento non si limitò a vivere il cinema come un passatempo leggero per menti mediocri, ma s'interrogò sul cinematografo e sul suo possibile utilizzo per educare l'altra metà del pubblico, quella costituita dai bambini.

Già nel 1898 la scrittrice Anna Gentile Vertua[34] proponeva, nel suo racconto *Cinematografo. Commedia in 2 atti per fanciulle*[35], la visione del mezzo cinematografico come possibilità salvifica per le sorti di tre povere sorelle.

Il testo è incluso in una serie di commedie "pedagogiche" con protagoniste giovani ragazze in grado di maneggiare e usare a proprio vantaggio una novità tecnologica del mondo moderno (dal telefono, alla fotografia, alla bambola fonografo e molte altre). L'opera consegna alla storia la scrittrice che non fu solo la prima narratrice

---
[33] Ivi, p. 283.
[34] L. MAZZEI, *Al cinematografo da sole. Il cinema descritto dalle donne fra 1898 e 1916*, in M. DALL'ASTA (a cura di), *Non solo dive. Pioniere del cinema italiano*, Atti del convegno internazionale (14-16 dicembre 2007), Bologna, Cineteca di Bologna, 2008. Nel suo saggio l'autore riporta le seguenti notizie biografiche sulla scrittrice: nata a Dongo nel 1950, Anna Gentile Vertua esordì nella scrittura giovanissima, nel 1868 con *Letture giovanili per fanciulle*. Da allora pubblicò moltissimi racconti e romanzi per fanciulli e fanciulle di cui il più famoso è il prontuario di etica sociale *Come devo comportarmi? Libro per tutti*, Hoepli, Milano, 1897. Morì nel 1927 con circa duecento pubblicazioni all'attivo che verranno ristampate fino a vent'anni dopo la sua morte.
[35] A. GENTILE VERTUA, *Cinematografo. Commedia in 2 atti per fanciulle*, Torino, Paravia, 1898.

italiana ad occuparsi di cinema, ma anche il primo personaggio del mondo delle lettere italiano ad occuparsi, con un'opera autonoma, del nuovo spettacolo.

Successivamente diverse pedagoghe, in contrapposizione rispetto ad illustri colleghe di metà Ottocento che bollavano come inadeguata la partecipazione di bambini e soprattutto bambine a spettacoli d'intrattenimento, studiarono in termini positivi le possibilità formative offerte dal cinematografo[36]. Una figura che merita attenzione per la sua opera di pedagoga e studiosa dei mezzi didattici utilizzabili nelle pratiche formative, è Emilia Santamaria Formiggini[37].

In particolare la sua prima opera, *La psicologia del fanciullo normale e anormale con speciale riguardo alla educazione*[38], pubblicato nel 1910, riporta riflessioni fondamentali sulla ricezione infantile degli spettacoli cinematografici.

> Però non sono rari i casi in cui il bambino prova simpatia anche per le altre persone, anzi per ignoti, ciò avviene specialmente quando queste persone esprimono con molta vivacità ciò che sentono, o quando si tratta di dividere un sentimento ben noto al bambino. Una bimba di quattro anni, che condussi al cinematografo, alla vista di un soldato a cui, nella rappresentazione, si tagliava la testa, incominciò a piangere dirottamente, e ciò non per timore od orrore, ma pensando al dolore che doveva provare il decapitato.[39]

In questo brano l'osservazione cinematografica è tutta al femminile: è donna la studiosa, ma lo è anche il piccolo individuo oggetto di osservazione. Sottolineando la facilità dei bimbi ad allacciare ed esternare relazioni empatiche, la Formiggini non coglie solo la capacità della bimba di leggere la violenza mostrata dallo schermo,

---

[36] Esemplare a riguardo l'opera di A. BURACCI, *Il pensiero educativo di Caterina Francesca Ferrucci e la moderna cultura femminile*, Menaggio, Baragiola, 1913.
[37] L. MAZZEI, *Al cinematografo da sole...*, p. 268. L'autore riporta i seguenti dati biografici.
  Nata a Roma, Emilia Santamaria Formiggini si era laureata in Lettere e filosofia nell'Ateneo romano La Sapienza, presso il quale aveva ottenuto la libera docenza in Pedagogia. Impegnata nell'Istituzione Scolastica, fu però principalmente insegnante di filosofia, pedagogia ed economia politica nei RR. Istituti Magistrali, ispettrice nelle Scuole Medie nelle province "redente" (nel 1919), e membro della Commissione per la riforma dei Licei Femminili della Venezia Giulia e Tridentina. Per tutto il periodo della Grande Guerra guidò la casa editrice del marito Angelo Formiggini che aveva sposato nel 1906.
[38] E. SANTAMARIA FORMIGGINI, *La psicologia del fanciullo normale e anormale con speciale riguardo alla educazione*, Modena, Formiggini, 1910.
[39] Ivi, cit., p. 248.

ma anche come quella condizione sociale, evidente a tutte le donne, trovi nella fruizione cinematografica, una sua più limpida capacità di espressione. La pedagoga indica chiaramente come ogni visione cinematografica non possa prescindere, nel mondo femminile, da un sostrato psichico modellato dalle relazioni sociali esistenti all'esterno della sala. L'utilizzo del cinematografo come pratica formativa si consolidò a partire dagli anni Dieci e non mancano le testimonianze di pedagoghe che, come la Formiggini, riportano le reazioni dei bambini di fronte al'utilizzo del nuovo veicolo di conoscenza.

A titolo esemplificativo è rilevante la testimonianza di alcune maestre di scuola elementare della Valtellina, relativa all'anno scolastico 1928-1929. Dalle loro parole emerge che i bambini restavano assolutamente affascinati rispetto alla novità dello strumento di comunicazione, addirittura erano «pazzi di gioia» per il cinema:

> 14 dicembre 1928: Passeggiata scolastica ad Isolaccia per far assistere gli alunni alle proiezioni istruttive. Prima parte: il mondo sottomarino, montagne, pesci, molluschi, piante. Parte seconda: Maria Vergine dalla sua nascita fino alla morte di S. Giuseppe, la Madonna rappresentata in alcuni quadri di Raffaello. I bimbi erano vivamente interessati alle proiezioni e sono ritornati a casa molto interessati.
> 29 gennaio 1929: Oggi alle quattro, dopo la lezione pomeridiana i miei alunni si sono affaccendati a coprire tutte le finestre e a ritirare i banchi, per una rappresentazione cinematografica che si fece appunto nella mia aula, ma alla quale assistettero anche gli alunni dell'altra insegnante. Programma: gli animali feroci, la nascita e la vita di Cristo, alcuni miracoli. Per i miei alunni fu nuovo e addirittura sorprendente vedere le figure muoversi. Avevano già visto le proiezioni, ma mai la cinematografia. Erano pazzi di gioia.[40]

Queste testimonianze utili a tracciare le coordinate entro le quali la pedagogia e il cinema si intrecciano concentrandosi sulla figura del bambino non possono prescindere da un dato di fatto: la storia del cinema comincia con la rappresentazione dell'infanzia sullo schermo. Quando il 28 dicembre 1895 i fratelli Lumière proiettarono il loro

---

[40] Archivio della scuola elementare di Bormio, 1928-1929, *Diario delle classi I-IV miste*, in P. MALAVASI, S. POLENGHI, P. C. RIVOLTELLA (a cura di), *Cinema, pratiche formative...*, cit., p. 43.

L'arrivée du train en gare de la Ciotat sullo schermo, gli spettatori non videro soltanto una locomotiva sbuffante, ma anche una bambina vestita di bianco (la figlia di Louis) mentre camina lungo la banchina tenuta per mano dalla madre e dalla governante. Altre scene del catalogo Lumière hanno come protagonisti dei bambini: chi alle prese con un vaso di pesci rossi, chi mentre offre da mangiare ad un gatto, chi sfila nella carrozzina in un viale del giardino d'infanzia[41]. I fratelli Lumière proiettavano scene di vita quotidiana, ma la produzione cinematografica delle origini riservò un'attenzione costante e particolare alla vita infantile. In Italia, parallelamente alle pellicole d'argomento storico-risorgimentale, pensate espressamente per costruire un'identità nazionale ed affinare la moralità delle generazioni di giovanissimi (interpretate spesso da piccoli attori), nei primi anni di vita del cinematografo il bambino si pose da subito come mediatore ideale per veicolare le emozioni dello schermo.

I produttori italiani compresero immediatamente che, perché si attuasse quella che Edgar Morin avrebbe definito la «simbiosi che integra il flusso del film nel flusso psichico dello spettatore»[42], occorreva un *medium* in grado di coinvolgere emotivamente il pubblico delle origini formato in gran parte da donne e bambini.

In questa ottica si collocano le svariate produzioni pensate per i più piccoli che, oltre alle serie interpretate dalla piccola star Cinessino[43], o alle altrettanto numerose pellicole di argomento educativo (in particolare storico-geografico), non disdegnarono le possibilità offerte dalle trasposizioni letterarie di racconti per l'infanzia.

Su tutti il libro di Carlo Collodi *Pinocchio,* che già vantava diverse edizioni illustrate, si presentò come un testo ideale poiché già possedeva l'integrazione fra parola ed immagine. Quando nel 1911

---

[41] L. CECCONI, *I bambini nel cinema. Le rappresentazioni dell'infanzia nella storia del cinema*, Milano, Franco Angeli, 2006, p. 47. I film cui si fa riferimento sono: *Pêche aux poissons rouges*, *Une petite fille et son chat* e *Défilé de voitures de bébé à la pouponièpre de Paris*.

[42] E. MORIN, *Il cinema o l'uomo immaginario*, Milano, Feltrinelli, 1982, p. 111.

[43] M. RUTA, *Lea, la bambola meccanica e lo stratagemma isterico,* in «Bianco e Nero», a. LXXII, fasc.570, pp. 29-37. Eraldo Giorgio Guillaume (in arte *Cinessino*) nasce a Roma il 2 aprile 1910. Figlio di Natale Guillaume (fratello del celebre attore comico Ferdinando, noto come *Tontolini-Polidor*) e Armanda Giunchi (in arte *Lea*). Nel 1914 venne affiancato dalla madre per interpretare la serie "*Cinessino*" per la Cines, che lo scelse come *mascotte*. Il suo ruolo era quello dell'*enfant terrible* in diverse commediole leggere dal contenuto edificante.

Giulio Antamoro realizzò il suo *Pinocchio*[44], era consapevole del fatto che per proporre quello che fu uno dei primi lungometraggi italiani, occorreva puntare su testi molto conosciuti e considerati come patrimonio comune dell'identità culturale italiana. Un tentativo volto non solo ad attirare un pubblico di giovani e meno giovani, ma a valorizzare e nobilitare culturalmente l'istituzione cinematografica che pochi mesi prima aveva visto l'uscita de l'*Inferno*[45] della Milano Films. Il film fu un libero adattamento del libro di Collodi, e pur presentandone gli episodi principali, proponeva diverse varianti, sia per l'eliminazione di personaggi e avvenimenti, sia per l'ordine in cui questi erano presentati, ma anche per l'introduzione di episodi estranei al racconto collodiano. Giulio Antamoro ed il suo attore principale, Ferdinand Guillaume, erano un binomio consolidato nella realizzazione di comiche: il passaggio al lungometraggio comportò una riduzione degli aspetti moralistici e pedagogico-educativi.

In alcune didascalie, infatti, si ritrovano generici richiami perché Pinocchio si comporti bene, ma non c'è mai una vera contrapposizione tra bene e male. In questo senso è significativa l'assenza del personaggio del Grillo parlante.

Il fatto che il burattino sia interpretato da Guillaume rende la figura di Pinocchio in perfetta sintonia con l'idea di un bambino vivace e monello con la tendenza a cacciarsi nei guai. L'episodio più significativo è probabilmente l'incontro di Pinocchio con gli indiani che, oltre a costituire un'attrazione data dall'esoticità dell'ambientazione, sfruttava i riferimenti all'immaginario *western* che evidentemente nel primo decennio del Novecento era già radicato anche in Italia, non risparmiando di descrivere gli indiani d'America come generici selvaggi da civilizzare[46].

In definitiva, se la comunicazione cinematografica non si fonda esclusivamente su processi di tipo logico-razionali ma si esprime

---

[44] *Pinocchio* (Giulio Antamoro, Cines, 1911).
[45] *Inferno* (Bertolini, De Liguoro, Padovan, Milano Films, 1911).
[46] R. DE BERTI, *Il Pinocchio cinematografico di Giulio Antamoro*, in I. PEZZINI, P. FABBRI (a cura di), *Le avventure di Pinocchio: tra un linguaggio e l'altro*, Roma, Meltemi, 2002, pp. 163-169. L'autore individua il radicamento degli scenari del West in Italia già a partire dal 1890 con la pubblicazione di fascicoli di letteratura popolare sulle imprese eroiche di Buffalo Bill. Successivamente tra il 1908 e il 1910 De Berti rileva come la Casa Editrice Americana di Milano avesse pubblicato ben 150 episodi tradotti delle *dime novel* americane.

anche in dinamiche emotive, ne deriva che l'esperienza filmica che genera un forte coinvolgimento partecipativo e proiettivo, non può non generare problematiche di tipo pedagogico. Accanto alle due tendenze contrapposte della prima fase della storia del cinema teorizzate da Noël Burch, e cioè la *tendenza scientifica* (quella manifestata dai pionieri del cinematografo interessati all'analisi e alla scomposizione del movimento) e l'*ideologia frankesteiniana* (la tendenza basata sul mito della soppressione della morte), andrebbe evidenziata un'altra tendenza o funzione di carattere pedagogico-educativa[47]. Se, come afferma Bernardi, il cinema come rappresentazione della rappresentazione è un'arte che possiede la riflessività sin dalla sua nascita, in questa riflessività possono cogliersi tracce dello sguardo femminile e di quello infantile, che appartengono al cinematografo perché appartenenti alla realtà sociale che il mezzo intese riproporre sullo schermo[48].

Capitolo secondo

Le teorie.

2.1 Le teorie dopo il 1907.

L'elaborazione di discorsi teorici riguardo il cinematografo si sviluppa, in maniera più concreta, a partire dal 1907. Ciò non vuol dire negare l'esistenza di dibattiti, che anticipano il discorso teorico e che nascono contestualmente alla nascita del cinema, ma questi saranno per lo più limitati a riportare cronisticamente l'invenzione di una macchina e i suoi possibili campi di applicazione[49].

---

[47] N. BURCH, *Il lucernario dell'infinito...*, pp. 20 sgg.
[48] S. BERNARDI, *Introduzione alla retorica*, p. 19.
[49] G. GRIGNAFFINI, *Sapere e teorie del cinema. Il periodo del muto*, Bologna, Editrice Clueb Bologna, 1989, pp. 20-21.

Dal 1907 inizia a formalizzarsi una pubblicistica cinematografica specializzata, coadiuvata da un quantitativamente alto tasso di scritti, saggi e trattati che, complementari e diversi, conducono il cinematografo al centro di un processo analitico che ne certifica l'artisticità.

Per comprendere quanto diventi trasversale il discorso intorno al cinematografo basta considerare lo scritto di Giovanni Papini, *La filosofia del cinematografo*, pubblicato il 18 maggio 1907 su «La Stampa»[50], nel quale lo scrittore esplicita l'esigenza che incombe su tutti gli intellettuali e soprattutto sui filosofi, di trarre «nuovi motivi di pensiero» e «nuove metafisiche» dal cinematografo. Secondo Papini, esso è un fenomeno che incide pesantemente sulla società, in quanto ridisegna il volto delle città e riscrive le abitudini della gente improntandole al concetto di economia: economia del costo del biglietto, economia di tempo data la brevità dello spettacolo ed economia di energia psichica necessaria per seguirlo[51].

Lo scritto prosegue con riflessioni riguardanti il potenziamento della vista, quale unico senso coinvolto nello spettacolo cinematografico ed insiste sulla peculiarità che differenzia il cinematografo dal teatro, cioè quell' «impressione di realtà»[52] che ne attesta l'alto tasso di attrazione. Infine Papini, oltre ad insistere sulle conseguenze metafisiche determinate dall'immagine in movimento, sottolinea le due principali destinazioni del discorso cinematografico e cioè *informazione e fantastico,* individuando due antitetiche attitudini del cinematografo: funzionare come un quotidiano o una rivista illustrata e consentire lo sviluppo dell'immaginazione dello spettatore[53].

Dopo il 1907, il discorso sul cinema si leggittima culturalmente e si qualifica attraverso quella pratica di elaborazione teorica che si apre all'istituzionalizzazione del discorso critico e per il quale giocò un

---

[50] M. ADRIANA PROLO, *Storia del cinema muto italiano*, Milano, Poligono, 1951, pp.27-29.
[51] G. GRIGNAFFINI, *Sapere e teorie del cinema...*, p. 22.
[52] S. BERNARDI, *Realismo* in *Enciclopedia del cinema Treccani*, vol. IV, Catanzaro, Grafiche Abramo S.p.a., 2004, p. 581. Bernardi, nella redazione del termine "realismo", rileva l'evoluzione concettuale dello stesso nell'ambito delle produzioni teoriche cinematografiche: l'analisi parte dal concetto di N. Burch del «sogno frankensteiniano», ovvero la potenzialità del cinema di "sconfiggere la morte", fino ad arrivare alla diversificazione del concetto di "realismo", che non può identificare la semplice attitudine del cinema di offrire un "doppio" del mondo reale, perché in questo modo si negherebbe la sua peculiarità artistica.
[53] G. GRIGNAFFINI, *Sapere e teorie del cinema...*, p. 23.

ruolo fondamentale la nascita del Film d' Arte. Questo fenomeno, oltre ad assolvere la funzione di orientamento al consumo, favorì la costruzione di una estetica del cinematografo rapportata alle altre pratiche estetiche (in particolare il teatro) e consentì lo sviluppo di questioni legate alla specificità linguistica dell'opera cinematografica. L'esplosione delle pratiche discorsive ebbe luogo soprattutto sulle riviste specializzate, ma è rintracciabile anche in altri contesti quali: quotidiani, romanzi, saggi ed interventi occasionali spinti anche dalla pubblicazione dei primi volumi interamente dedicati al cinema. Nel processo di evoluzione costante che le elaborazioni teoriche seguirono a partire dal 1908, sono essenzialmente tre le funzioni del cinematografo su cui si articolò gran parte della pratica teorico-discorsiva: *funzione estetica, funzione scientifica* e *funzione educativa*[54]. Per comprendere, individuare e circoscrivere queste funzioni risultano fondanti, per quanto distanziati nel tempo, tre scritti di altrettanti autori: *Trionfo del cinematografo* di Ricciotto Canudo, *Cinematografo educativo* di Angelina Buracci e *Il cinema e le arti meccaniche* di Eugenio Giovannetti.

2.2 Il *Trionfo del cinematografo.*

---

[54] Ivi, p. 28.

Il saggio di Ricciotto Canudo[55] comparve sul fiorentino «Nuovo Giornale» del 25 Dicembre 1908. Canudo affronta il cinematografo da tre punti di vista connessi tra loro: un punto di vista mediologico, un punto di vista estetico, un punto di vista linguistico[56]. Si tratta di un testo seminale dove il cinema, vissuto necessariamente come esperienza diretta dall'autore, è visto come evento generativo di una cultura laica e nuova, consumata dagli spettatori che partecipano alle proiezioni, inquadrati come protagonisti di un nuovo «rito» che sostituisce i vecchi[57].

Il cinematografo è visto come il «Nuovo Tempio»[58] di questa nuova ritualità collettiva moderna, dove la modernità è data dalla rappresentazione della velocità della vita reale.

Un primo dato rilevato da Canudo è l'attitudine a coinvolgere indistintamente tutte le fasce sociali nel nuovo rito dell' *andare al cinema*; nel Nuovo Tempio si riuniscono la «gioia dello spettacolo» (Teatro) e la «gioia della contemplazione estetica» (Museo), in un *unicum* che genera la nuova divinità dell'epoca moderna, la velocità, sostenuta dall'agire dei «nuovi Santi» cioè quegli «Eroi del ritmo» che, con la sintesi del gesto, creano le armonie estetiche generatrici di un' *arte plastica in movimento*. Per Canudo dunque il cinematografo è innanzitutto un mezzo per ricomporre quella frattura esistente tra spettacolo ed arte, identificando uno spazio ibrido, al cui interno possa aver luogo quella «Festa nuova», che consenta all'umanità di ritrovare il piacere «dell'oblio estetico».

> Esso ha dato la nuova Festa, quella oscuramente attesa. L'ha dato scientificamente e non esteticamente, ed il Cinematografo trionfa. E là l'umanità ridiviene fanciulla come in ogni festa.[...] E l'umanità fanciulla

---

[55] A. BOSCHI, *Ricciotto Canudo* in *Enciclopedia del cinema Treccani...*, p. 659. Ricciotto Canudo (Gioia del Colle 2 gennaio 1877-Parigi 10 novembre 1923) fu poeta, drammaturgo, romanziere, saggista ed instancabile animatore di eventi culturali. Con il pionieristico saggio *La naissance d'un sixiènne art. Essai sur le cinématographe*, pubblicato in *Les entritiens idéalistes* il 25 ottobre 1911, Canudo venne considerato il padre fondatore dell'estetica del cinema.
[56] G. GRIGNAFFINI, *Sapere e teorie del cinema...*, p. 25.
[57] L. MAZZEI, *Angelina Buracci cinepedagoga*, in «Bianco e Nero», a. LXXII, fasc. 570, maggio-agosto 2011, p. 93.
[58] R. CANUDO, *Trionfo del cinematografo*, in *Sapere e teorie del cinema. Il periodo del muto*, di Giovanna Grignaffini, Bologna, Editrice Clueb Bologna, 1989, p. 106.

solleva se stessa, dimentica se stessa nello incalzare delle rappresentazioni rapidissime.[59]

Ciò avviene in virtù di due ragioni distinte: la prima ragione, di ordine simbolico, riguarda la peculiarità della comunicazione cinematografica di situarsi nell'identico ordine di percezione prodotto dalla velocità, individuando nel gesto sintetico e nella precisione meccanica due canali di trasmissione fondamentali; la seconda ragione, di ordine reale, riguarda la capacità di soddisfare un bisogno psicologico, proprio del pubblico, di assistere alla «rappresentazione di se stesso in azione»[60].

Fissati i termini dell'analisi mediologica del cinema, l'autore entra nel merito dell'estetica, toccando determinate questioni del linguaggio.

Assodata la potenziale nascita di una Sesta Arte (successivamente Settima, con l'aggiunta della Danza[61]) generata dalla fusione tra i ritmi del tempo (Musica e Poesia) ed i ritmi dello spazio (Architettura, Pittura e Scultura), Canudo individua la possibilità, offerta dal cinematografo, di una unione tra «forme svolgentisi nello spazio» e «forme svolgentisi nel tempo», così da definire il cinema come nuova forma estetica della sintesi spazio-temporale. La nuova arte dovrà però uniformarsi alle altre forme estetiche, superando i limiti costituiti dalla mera imitazione, riproduzione e rappresentazione del reale e, attraverso *sintesi* ed *astrazione*, sfruttare la possibilità linguistica di stilizzare, evocare e suggerire per «raggiungere l'universale».

Per Canudo il cinematografo è «un teatro di Pantomima nuova», dove l'azione è consacrata dalla «pittura in movimento» realizzata da uomini nuovi e definibile come *danza dell'espressione*. L'autore, quindi, giunge a chiedersi in maniera diretta se il cinematografo è eleggibile a forma d'arte, affermando:

> Io dico: Non è ancora arte, poichè gli mancano gli elementi di scelta tipica, di interpretazione plastica e non di copia di un soggetto, che fanno sempre che la fotografia non sarà mai un'arte.[62]

---

[59] Ivi, p. 108.
[60] G.GRIGNAFFINI, *Sapere e teorie del cinema...*, p. 60.
[61] *Ibidem*.
[62] In *Sapere e teorie del cinema* cit. p.109.

L'artista-creatore del cinematografo, quindi, sarà tanto grande quanto meno imitativo e più sinteticamente evocatore a differenza del fotografo, che non ha quella libertà compositiva, base essenziale di ogni estetica.

Canudo individua nel cinematografo la prima avvisaglia di quell' Arte Nuova che sarà ed a cui tendono già gli scrittori delle composizioni per cinematografo della società Film d'Art:

> Centinaia di ingegni, affascinati dal mistico oro,concentrano le loro forze alla creazione della Pantomima moderna. E' questa sarà data al mondo, e sarà un' Arte nuova.[63]

Infine l'autore, insistendo sulla peculiarità data dalla sintesi del linguaggio cinematografico, che riesce a fissare in una «serie successiva di quadri» la vita reale, sottolinea come quella vita sia regolata da un ritmo di orologeria, che costituisce il trionfo del principio scientifico moderno della meccanica del mondo, introducendo la rivoluzionaria possibilità di riprodurre ogni momento, ogni stato d'animo, ogni quadro all'infinito.

---

[63] Ivi, p. 110.

2.3 Il *Cinematografo educativo*.

Angelina Buracci[64] pubblicò *Cinematografo educativo*[65] nel 1916, in pieno clima di guerra. Il testo, lungo sessanta pagine, forse anche a causa della sua difficile reperibilità, non è mai stato al centro di un dibattito critico circa l'importanza che evidentemente possiede[66]. L'eccezionalità dell'opera si manifesta già nella prefazione, dove l'autrice esplicita il suo intento puramente pedagogico e, lontano da qualsivoglia studio critico sull'arte cinematografica, esprime il suo pensiero di pedagoga e cineappassionata.

> Desidero soltanto esporre le poche osservazioni raccolte nelle mie numerose visite ai cinematografi della nostra città, perchè i genitori, desiderosi di godersi lo spettacolo, facciano una scelta accurata per bambini e fanciulli, e sappiano di quanto danno e di quanto bene, la nuova forma di divertimento, oggi tanto diffusa, è capace nella vita intellettuale e morale de' loro figli.[67]

Appare evidente come la testimonianza diretta di un'assidua frequentatrice di sale cinematografiche (fin dal 1904 quando visitò a

---

[64] Dell'autrice, come rilevato da Luca Mazzei in *Angelina Buracci cinepedagoga*, in «Bianco e Nero», a. LXXII, fasc. 570, pp. 93-101, si hanno solo scarni dati biografici oltre che la comprovata adesione alle principali istanze del femminismo. Angelina Buracci è nata il 27 Aprile 1891 a Casasco D' Intelvi (Co) da Virgilio Buracci e Paolina Mora, si sposò il 2 Luglio 1919 con Carlo De Francesco.

[65] A. BURACCI, *Cinematografo educativo*, Milano, Tipografia sociale Carlo Sironi, 1916.

[66] L. MAZZEI, *Angelina Buracci cinepedagoga*, p. 100, segnala l'eccezionalità di tale lunghezza per un libretto di matrice speculativa, sopravanzato solo dal volumetto di Michele Mastropaolo *Cinematografo e scuola popolare*, S. Maria Capua Vetere, Francesco Cavotta, 1915.

[67] A. BURACCI, *Cinematografo educativo*, Milano, Tipografia sociale Carlo Sironi, 1916, *Prefazione*.

Venezia un cinematografo allestito da una compagnia di girovaghi)[68], che si occupa di formazione ed educazione infantile si pone idealmente come "bussola", che indichi la via della scelta premeditata di "cosa" mostrare al cinematografo ai bambini, per sfruttare lo svago in modo costruttivo, evitando di incorrere nel rischio di renderlo dannoso. Definito l'intento dell'opera, l'autrice parte nella sua analisi dalla sala cinematografica e lo fa con un *incipit* che merita attenzione:

> La vecchia idea che ritiene il cinematografo un passatempo per bambini e per le menti mediocri o inferiori alla mediocrità, istallato in qualche vecchio granaio imbiancato e intonacato alla meglio, in qualche stanzuccia angusta e tetra de' quartieri eccentrici, coll'ingresso ridotto ad un prezzo irrisorio, ormai è tramontata.[69]

Il cinema dunque non è affatto il contesto sociale della mediocrità intellettiva (come evidentemente era pensato, dagli intellettuali più scettici, un posto in cui si affollavano molte donne e bambini), ma piuttosto «il luogo d'incubazione di una meditata società moderna».[70]
La sala cinematografica è descritta dettagliatamente dal punto di vista architettonico e dal punto di vista della composizione del tessuto sociale che la anima. In particolare, Buracci non risparmia il tono critico quando definisce «pompose», «senza uno stile artistico-architettonico riconoscibile» le sale cinematografiche, arredate con quello sfarzo che si impone al cinematografo che, superata la fase di "novità", deve necessariamente accattivare nella forma, oltre che nella sostanza. Le note descrittive sono tutte accurate, sintetiche e funzionali alle finalità del discorso scientifico. Si precisano, ad esempio, il genere sessuale del bigliettaio, la tipologia dei posti a sedere, i repertori musicali suonati nelle sale d'aspetto e quelli di accompagnamento alla proiezione (spesso reputati inadeguati dall'autrice) e finanche i metodi con cui si assicurava l'igiene in sala. Il tono pungente insiste anche quando passa in rassegna il pubblico cinematografico, colto nella sua varietà e nella sua consistenza di "massa", per indagare i meccanismi psico-sociologici che si attivano

---

[68] Ivi, p. 11
[69] *Ibidem*.
[70] L. MAZZEI, *Angelina Buracci...*, cit, p. 97.

nel buio della sala.
Successivamente l'autrice pone la lente d'ingrandimento della sua indagine sui «soggetti di spettacolo», non prima però di aver individuato la ragione del successo crescente dell'«istituzione» cinematografica:

> E' un'istituzione comoda invero; il divertimento dura poco, non stanca, non annoia, accoglie il frequentatore a qualunque ora, senza etichetta, senza soggezione.[...] Si va al cinematografo, perchè passandovi accanto, si vede un programma che interessa; non c'è bisogno di cambiare la camicietta e di mettersi i guanti bianchi e (questa è la ragione più importante), il divertimento costa relativamente poco.[71]

Ritenendo che non esista argomento che non sia stato ampiamente sfruttato come soggetto cinematografico, Buracci individua nella fantasia la possibile via di fuga dalla decadenza in cui versa l'intelletto umano, vessato dall'intensità della vita. Inoltre non esiste, secondo l'autrice, un soggetto che non possa essere riadattato per il cinematografo che, dallo storico al geografico, dallo scientifico al fantastico, può rappresentare esaustivamente ogni argomento. Ciò in cui il mezzo cinematografico esprime al meglio le sue potenzialità è la rappresentazione del paesaggio: sullo schermo esso si carica di una suggestività potente, che risiede nella plasticità che la macchina da presa gli conferisce.[72]

La cineappassionata prosegue la sua analisi ponendo l'accento sull' «eroe» del cinematografo, ovvero quel protagonista che, per effetto dello schermo, diventa un gigante agli occhi del bambino, che finirà per lasciarlo entrare nella sua dimensione onirica, tutte le volte che sognerà di essere in pericolo.

Questi eroi sono super forti, super buoni, invincibili, onnipotenti ed altruisti e da questo deriva che:

> [...] al cinematografo si vive un'altra vita, una vita di pianto, di gaudio, di sogno [...] si vive fra le ricchezze, le feste, i divertimenti [...] si vive nella miseria più nera, [...] si vive fra le avventure comiche che fanno ridere il

---

[71] A. BURACCI, *Cinematografo educativo*..., cit. p. 16.
[72] Buracci cita a questo proposito il film *La Gorgona* (Mario Caserini, 1915) e fa specifico riferimento al soggetto firmato da Sem Benelli, Ivi, p.20.

mondo infantile, sonoramente.[73]

Insomma al cinematografo si vive l'iperbole del sentimento[74] e l'estasi dello straordinario. Senza questa dimensione e mostrando unicamente la semplicità artistica del reale, solo l'esteta sarebbe attirato dallo schermo e le sale resterebbero orfane di chi è abituato ad affinare il suo gusto sotto i colpi dell'eccesso, impedendo l'evoluzione del cinematografo come fenomeno di massa.

L'indagine prosegue cercando una spiegazione al fenomeno per il quale sono molte le donne che si recano al cinematografo con i figli al seguito. Una possibile spiegazione, l'autrice la individua nel fatto che le madri, quando intendono svagarsi, non sapendo a chi affidare i propri figli, li portano con sé al cinematografo incoscienti di quanto resti impresso in loro, dopo la visione.

Secondo l'opinione della pedagoga, non bisogna incorrere nell'errore di pensare che i bambini «non capiscano nulla»: se i bambini non capissero nulla, nulla imparerebbero ed i fatti dimostrano il contrario. I bambini assorbono buoni e cattivi esempi giacchè «non capiscono nè tutto nè nulla: capiscono male». Ciò avviene non per mancanza d'intelletto, ma per la naturale evoluzione delle percezioni cognitive.

Dunque afferma l'autrice, occorre sottoporli a stimoli proporzionati all'età, pena la confusione delle idee del bambino/fanciullo/adolescente, che si ripercuoterà nei ricordi e nelle associazioni e che d'improvviso potrebbe affiorare sottoforma di una parolaccia, una domanda impertinente o un atto inconsulto. Durante l'infanzia il bambino riceve ed immagazina tutte quelle sensazioni e percezioni che utilizzarà durante la fanciullezza e l'adolescenza. Ne consegue che il cinematografo svolge (bene o male a seconda della scelta che si opera) una parte importante nella formazione dell'attenzione, della memoria e dell'immaginazione del bambino, che risulterà tanto più coinvolto quanto più vari e sani saranno gli stimoli a cui verrà sottoposto. In particolare, l'attenzione è generata dal piacere prodotto dall'oggetto (film) nel soggetto che guarda: solo generando il piacere della visione si potranno produrre associazioni mentali

---

[73] Ivi, p. 22.
[74] Fa riferimento ai soggetti di Henry Bataille che hanno come interprete «insuperabile» Lyda Borelli, Ivi, p. 24.

razionali, tali che il bambino non resti in balìa di un'immaginazione dannosa.

Nel bambino l'immaginazione non è più sviluppata che nell'adulto, semplicemente questa ha più spazio e peso rispetto alla ragione, che ancora deve affinarsi: ogni scena cinematografica può così apparire verosimile. Ne consegue che il cinematografo può diventare un mezzo distruttivo per l'intelletto del bambino e che, per renderlo un coadiuvante formativo anche per chi non può permettersi di frequentare le sale, esso deve fare il suo ingresso nella scuola. Non si tratta quindi di proibire, ma di sfruttare controllatamente le enormi potenzialità del mezzo.

Buracci pone infine in evidenza cosa, secondo la sua opinione di pedagoga, debba essere mostrato al cinematografo a scopo educativo. Le sue riflessioni riguardano soprattutto le conoscenze storiche e quelle geografiche: le prime hanno già fatto il loro ingresso nelle sale[75], ma data l'impossibilità (per i limitati mezzi tecnici-economici dell'epoca) di ricostruire in scena gli eventi storici più remoti, l'autrice propone di riproporre sullo schermo almeno i personaggi principali, giacchè lo stesso evento descritto oralmente ad un bambino incide meno, nella memoria, rispetto alla sua rappresentazione visiva; quanto alle conoscenze geografiche, queste sono le più idonee ad essere impartite con il cinematografo, che concede quell'illusione del viaggio, che la stessa pedagoga ha più volte sperimentato.[76]

L'analisi assume i connotati scientifici della psicologia, quando prende in esame il sentimento (inteso come il diverso grado soggettivo di dolore e di piacere che accompagna i fatti dell'intelligenza) che scaturisce dal flusso emozionale nella fruizione del film. L'autrice individua, nella compassione spinta fino alla pietà e nel raccapriccio spinto fino all'orrore, i sentimenti più diffusi dopo l'esperienza della visione. Questo deriva dal fatto che commuovere è un obiettivo dichiarato degli «esecutori di pellicole» che, come già affermato, animano di passioni iperboliche, i personaggi delle cinematografie, a cui il pubblico «puerile» non può che rispondere provando amore per chi è oppresso ed odio per chi opprime.

---

[75] Fa riferimento agli episodi della guerra Libica mostrati al cinematografo, Ivi, p. 35.
[76] Cita il film *Giardino Zoologico di Roma* (Cines, 1910), Ivi, p. 36.

Successivamente la pedagoga arriva a chiedersi se sia più utile mostrare ai bambini la miseria degli oppressi o svelare le perfidie e le punizioni ad esse comminate. La risposta al quesito è ambivalente perché se la prima concorre a sviluppare l'altruismo del bambino, lo espone prematuramente al dolore; la seconda rischia di produrre l'effetto contrario proponendo come affascinante il male. Utilizzando la sua esperienza diretta[77] di studiosa delle reazioni emotive infantili, Buracci conclude che occorre mostrare ai bambini quali atti possono compiere e quali spettano unicamente agli adulti, non risparmiando di lamentare il fatto che troppi soggetti cinematografici rappresentino assassinii, suicidi ed atti di pazzia[78].

Se è vero che l'opera d'arte è indipendente dalla moralità, è pur vero che, per educare con l'opera d'arte, non si deve mostrare la perversione e l'immoralità.

Mostrando scene di insieme, in armonia con la natura (sfruttando i tanti paesaggi italiani e non ricorrendo necessariamente a quelli stranieri), si costituirebbe un "bello cinematografico" codificabile dal bambino che, con il cinematografo, costruisce la sua moralità. Quella moralità che necessita di esempi costruttivi continui specialmente alla luce di quella che è, rileva Buracci, l'attualità più raccontata dal cinematografo: la guerra. Questo genere di visione, se da un lato rafforza l'amore per la patria, dall'altro rischia di generare l'odio per il nemico.

E' necessario sfruttare la naturale inclinazione del bambino-spettatore alla imitazione, proponendo modelli positivi che si impongano con la visione, quando con la momentanea sospensione dell' "io", ci si identifica con chi gioisce o soffre.

Infine Buracci avanza la sua proposta di una serie di cinematografie adatte al giovane spettatore, che siano tratte dall'opera *Cuore* di Edmondo De Amicis.

L'interprete ideale di questi adattamenti sarebbe, secondo il gusto dell'autrice-spettatrice, il piccolo Ermanno Roveri[79]. Questi, vera e

---

[77] Cita a questo proposito i film *L'Idolo bianco* (Milano Film, 1915) e *Il testamento del cercatore d'oro* (Savoia, 1915), Ivi, pp. 43-44.
[78] Buracci fa riferimento ai film *Il fuoco* (Giovanni Pastrone, 1915) e *La Falena* (Carmine Gallone, 1916), Ivi, p. 45.
[79] AA.VV., *Gli attori*, Roma, Gremese editore, 2002. Ermanno Roveri (Milano 5 ottobre 1903-

propria star del cinematografo, a soli tredici anni già possiede quell'espressività e quell'incarnato che lo renderebbero adatto al ruolo. Inoltre il fatto di essere già conosciuto dai suoi coetani, lo proporrebbe come un perfetto esempio per l' imitazione. La sua fisicità risponde perfettamente a quei paesaggi che verrebbero rappresentati in queste ideali cinematografie tratte da *Cuore*: per Buracci deve sempre esserci una concordanza tra ambienti, protagonisti e fatti rappresentati. Ciò non avviene nei film interpretati da *Cinessino*, il cui successo è dettato proprio dalla discordanza che c'è tra le azioni che compie e la sua età.

Con questa ultima annotazione critica, si chiude l'opera della pedagoga, che ha tracciato le linee guida perché gli educatori, suoi coevi, inizino a concepire il cinematografo non più come un semplice passatempo, ma come il più squisito degli strumenti formativi, l'unico che può conciliare il piacere dell'intrattenimento all'utilità di una formazione adeguata per le giovani generazioni.

Milano 27 dicembre 1968), debuttò giovanissimo per la Cines con il fortunato personaggio di *Fragolino*, prima di riscuotere grande successo con l'interpretazione negli adattamenti cinematografici, auspicati da Buracci, tratti da *Cuore* di E. De Amicis. La sua carriera continuò tra teatro e cinema fino agli anni Sessanta.

2.4 Il cinema e le arti meccaniche.

Eugenio Giovannetti[80] pubblicò, nel 1930, un'opera che è a tutt'oggi considerata il più importante libro italiano di teoria cinematografica dell'epoca.[81] *Il cinema e le arti meccaniche*[82] è un trattato di duecentotre pagine in cui l'autore si propone in una appassionata analisi teorico-estetica delle arti prodotte attraverso l'uso della macchina, insistendo particolarmente sul cinema e le prospettive di sviluppo correlate all'avvento del sonoro.

Dopo un'introduzione storica utile a contestualizzare le sue analisi, oltre a precisare che l' *idea di meccanicità* appartenente al 1800 debba essere sostituita dall' *idea di organicità* propria del 1900, Giovannetti propone la definizione di arti meccaniche dalla quale partono le sue considerazioni relative al cinema:

> [...] chiamansi arti meccaniche quelle in cui la subiettività artistica, determinandosi e obiettivandosi attraverso un sistema meccanico, si diffonde per riproduzione attraverso un sistema meccanico correlativo al primo.[83]

Da questo assunto l'autore individua due distinte fasi nella produzione di opere meccaniche: una artistica prettamente creativa ed un'altra meccanica prettamente divulgativa. Per quanto riguarda il cinema, il momento creativo parte con l'elaborazione letteraria d'uno schema o «scenario» e si conclude con l'elaborazione fotochimica «della film impressionata». L'artista cinematografico-meccanico deve fare della necessità tecnica una virtù spirituale, giacchè la sua arte deve presentare la realtà nella sua «idea animatrice», cioè non come opera compiuta, ma come "organicità spirituale".

In particolare l'artista di cinematografie non solo deve individuare la realtà spirituale, ma deve crearne *in toto* l'immagine esteriore,

---

[80] G. IZZI, *Eugenio Giovannetti* in *Dizionario Biografico degli Italiani Treccani*, vol. LV, Catanzaro, Grafiche Abramo S.r.l., 2000, pp. 502-503. Eugenio Giovannetti (Ancona 25 febbraio 1883-Roma 1 maggio 1951) fu letterato, studioso, autore di saggi, critico e teorico di cinema e arte, vicino all'ambiente del neonato Centro Sperimentale di cinematografia di Roma.
[81] L. MAZZEI, *Angelina Buracci...*, p. 93.
[82] E. GIOVANNETTI, *Il cinema e le arti meccaniche*, Palermo, Sandron, 1930.
[83] Ivi, cit., p. 21.

servendosi della tecnica meccanica. La tecnica dunque non è meccanicità pura, ma necessità viva, momento essenziale dello spirito creatore.

Il momento meccanico comincia con l'applicazione del film all'apparecchio proiettore e si conclude col finire della proiezione. Questa fase, secondo Giovannetti, culmina nell' "espletazione divulgativa", la quale rende l'arte accessibile a tutti, contribuendo allo sviluppo della facoltà critica del fruitore d'arte, il quale affina la propria intelligenza sfruttando la riproducibilità infinita dell'opera.

Dopo aver fissato le coordinate entro le quali orientare la sua indagine, l'autore passa in rassegna le macchine e gli strumenti della cinematografia, descrivendole nei dettagli più tecnici, non risparmiando di citare, attraverso un *excursus* storico, gli antenati del cinematografo.

Per Giovannetti uno degli strumenti più caratterizzanti e quindi fondamentali per il cinema è la *Debrie*[84], che permette di cogliere la «densità spirituale» di un gesto, ovvero la sua complessa architettura espressiva, da cui deriva che:

> [...] la macchina da presa è la macchina agile e sensibile con cui frugare la realtà fenomenica, in cerca del suo centro più espressivo.[85]

Successivamente l'analisi entra nel merito dell'estetica, indagando il cinema come «la punta più audace verso il mistero dell'essere».

L'opera cinematografica genera nello spirito umano, secondo Giovannetti, una suggestione di triplice grado: *veristica, spirituale* e *ultraveristica*.

La suggestione *veristica* è quella che scaturisce dal coinvolgimento della vista,

che il cinema ha saputo rieducare attaverso quella visione della realtà approfondita, precisata e nitidizzata dal *medium* rappresentato dall'obiettivo.

Questa visione mediata si traduce in una sospensione della

---

[84] J. UEBERSCHLAG, *Jean Brerault l'instituteur cinèaste: 1898-1973*, Saint-Etienne, Pubblicazioni dell'Università di Saint-Etienne, 2007, p. 86. La *G.V. Debrie* è una camera per sequenze a rallentatore, brevettata (brevetto n. 523.383 del 31 Agosto 1920) da Emile Labrély.
[85] E. GIOVANNETTI, *Il cinema e le arti...*, cit., p. 35.

«presuntuosa intellettualità» umana, che viene condotta ad una fiducia senza riserve e ad un «candido infantile abbandono» a ciò che si consegna all'occhio, individuato come unica istanza giudicante del vero cinematografico. In questo contesto teorico, l'autore fa riferimento alle «film documentarie», affermando che per lo spirito umano, tutte le opere cinematografiche, in quanto fotografiche, sono documentarie poiché danno della realtà un'idea che, seppur mediata, è recepita come impersonale ed obiettiva. Questa inclinazione del cinema a mostrare spettacoli naturali ed in particolar modo che abbiano come elemento principale l'acqua, attesta quanto l'arte filmica, pur giocando con artifici scenici, abbia quella capacità di evocare suggestioni panteistiche nello spettatore, la cui fiducia, in ciò che viene mostrato, non viene mai intaccata. Dunque il cinema non è soltanto un "occhio che vede", ma è anche uno spirito che fruga la realtà fenomenica per costruirne un'idea sempre più profonda. Tale profondità è la base di quell'economia essenziale che caratterizza il linguaggio cinematografico e che l'autore individua nell'espressività del singolo gesto, inteso come simbolo somatico e sintetico, di ogni stato d'animo dell'essere umano. Giovannetti desume l'importanza del gesto inteso come unità espressiva del corpo umano, citando l'analista dell'azione Blondel[86], il quale afferma:

> Non c'è un solo atto, in noi, che non costituisca, fuori di noi, una rete tenue e fragile, ma organizzata ed espressiva, un sistema complesso di movimenti.[87]

Prima di indagare la seconda tipologia di suggestione generata dall'opera cinematografica e cioè quella *spirituale*, l'autore si sofferma sulla nozione di tempo cinematografico, il quale concorre ed insiste nell'ambito della suggestione *veristica*. Il tempo creato dall'arte

---

[86] M. LECLERC, *Il destino umano nella luce di Blondel*, Assisi, Edizioni Cittadella (collana Orizzonti Nuovi), 2000, p. 20. Maurice Blondel (Digione, 2 novembre 1861- Aix-en-Provence, 4 giugno 1949) fu un filosofo francese di matrice cristiana, il cui pensiero, incentrato sull'azione, sposava la corrente del *modernismo*. Tra le sue opere spicca il saggio anti-intellettualistico ed anti-scientista *L'azione*, pubblicato nel 1893.
[87] E. GIOVANNETTI, *Il cinema e le arti...*, cit., p. 48.

cinematografica non ha nulla in comune né con quello della vita ordinaria, né con quello del teatro, ma è contratto (perché simbolico e sintetico) ed astratto (perché panteistico e sincretico).
A questo proposito viene citato il cineasta russo Pudovkin il quale afferma:

> La film ricompone a suo modo gli elementi della realtà per farne una realtà nuova e solo sua. Le leggi del tempo e dello spazio, che sono determinate e rigide quando s'abbia a che fare con creature viventi o palcoscenici, non hanno più alcuna rigidità per la film. Tempo e spazio filmistici sono perfettamente subordinati alla volontà del direttore artistico.[88]

Per quanto concerne la suggestione *spirituale*, Giovannetti individua nella forza sineddochica del dettaglio cinematografico una peculiarità assoluta: il dettaglio può rappresentare un' immagine completa e perfetta giacché mediata e premeditata e quindi adatta, quando ben individuata dall'istanza creatrice, per esprimere il tutto. La forza del film è tutta in questa caratteristica virtù di dare un'evidenza e un significato al dettaglio, attraverso un viaggio in profondità fra i simboli considerando anche le potenzialità espressive offerte dal porli in relazione con gli opposti:

> [...] la bravura del direttore artistico sta nel suggerire la luce attraverso le tenebre, l'armonioso attraverso il caotico [...][89]

Alla luce di questa importanza consegnata dalla "linguistica cinematografica" al dettaglio, il cinema appare come anti-superficiale e come «il più entusiastico assertore del paradiso in terra», un'arte unica dove la psiche umana non è più che un «affannoso ventilabro di immagini».
Insistendo ancora sul linguaggio del film, Giovannetti esprime l'importanza simbolica del chiaroscuro, che resterà suggestivo anche quando il cinema avrà definitivamente affinato le tecniche di colorazione. Il chiaroscuro ed i giochi di luce ben si adattano alla

---

[88] Giovannetti fa riferimento alla raccolta di saggi pubblicati nel 1928 da Pudovkin *Film-Regie und Film-Manuskript*, Ivi, p. 49.
[89] Ivi, cit. p. 51.

caratteristica sintesi di quest'arte, che non è più dunque "arte muta", ma l'arte eloquente per eccellenza, perché rintraccia luci ed ombre neonate ancora vicine alla fonte che le genera e diviene quindi esplicita come il corpo umano, che somatizza prima ancora che la bocca parli[90].

Il cinema è la speranza e non la fede intellettualistica, è una religiosità primordiale che, come grande alleata della psicanalisi, si muove dall'uno al tutto e dal tutto ricompone l'uno, in un'idea che intreccia essere ed eternità.

L'autore prefigura che tutte queste caratteristiche estetico-linguistiche resisteranno anche allo sviluppo sonoro del film in quanto, secondo la sua previsione, film muti e film sonori nutriranno il cinema diversamente e contemporaneamente, essendo entrambi distinti, utili e necessari:

> La film silenziosa ci darà la tragedia essenziale, la sonora il dramma panteistico.[91]

La suggestione *ultraveristica*, infine, è quella che pervade lo spettatore dopo aver visto un film e dopo aver attraversato gli altri gradi di suggestione.

Sono le immagini che lascia la fotografia in quella zona psico-fisiologica situata tra retina e spirito, quelle immagini del reale che continuano a sovrapporsi allo spirito riconducendolo continuamente al film.

Questa impressione psicosomatica esiste e resiste laddove il film risulti di mediocre fattura, giacché nei «grandi film» a sopravvivere è solo la dimensione spirituale.

La suggestione *ultraveristica* è la prova, secondo Giovannetti, che il coinvolgimento dello spirito è il fine ultimo del cinema che mai deve lasciar prevalere la meccanicità.

Fissate le contingenze teoriche che legano il cinema allo spettatore,

---

[90] Si vedano a riguardo gli studi del Professor Vittorio Gallese, sulle neuroscienze cognitive, tra cui *The Two Sides of Mimesis. Girard's Mimetic Theory, Embodied Simulation and Social Identification*, in «Journal of Consciousness Studies», 16, 4, 2009, pp. 21-44.
[91] E. GIOVANNETTI, *Il cinema e le arti...*,cit. p. 60.

l'indagine si sposta sul campo opposto, indagando l'arte cinematografica come «fatto sociale».

L'influenza sociale del cinema è in continuo divenire e coinvolge tutti gli uomini senza distinzione di ceto, incidendo in una regione psichica comune ad ogni individuo che è tanto materiale, quanto spirituale. La prima riflessione circa la maniera del cinema di incidere sulla società non può che interessare la sala cinematografica, ovvero l'architettura «ricca, strana, solida e bizzarra», che consente «la visione più nitida nell'ombra più confortante»[92]. Nell'ossimoro del "buio irradiato" si cela il potere magnetico della sala, che attira lo spettatore per avvolgerlo in quella «freschezza isolante» all'interno della quale si consumano riti, piccole cerimonie iniziatrici e torbide avventure. In questo buio apparente, in questa nuova dimensione spazio-temporale, non mancano certo guide e simboli decodificabili dal consumatore cinematografico, che lo orientano dall'inizio alla fine della sua esperienza veristico-spirituale.

Le guide a cui Giovannetti fa riferimento sono le accompagnatrici di sala, quelle «lucciole» che conducono lo spettatore al posto da occupare e che, celate dal buio, finiscono per divenire oggetto delle più variegate fantasie e più spesso dei più deplorevoli atti di maleducazione. Quanto ai simboli riconoscibili del cinema, il primo riferimento dell'autore sono le «insegne»[93] delle case di produzione, a cui non risparmia sferzate critiche, qualora queste siano stilizzate invece di mostrarsi vive, animate e parlanti.[94]

Fra tutti quelli analizzati, il leone ruggente della Metro-Goldwin Mayer[95] è individuato come il più potente ed universale simbolo cinematografico ed i suoi tre ruggiti sono il manifesto del suo alone mitico.

La sala cinematografica ed il microcosmo che in essa si genera produce un bagaglio sonoro che Giovannetti puntualmente rileva: il vicino che legge ad alta voce i titoli, il coro di bambini che legge le

---

[92] Ivi, p. 62.
[93] Giovannetti si riferisce ad i loghi che compaiono nei titoli di testa dei film.
[94] L'autore fa precisi riferimenti alle insegne della Lux e della Paramount che peccano per insignificanza ed eccessiva stilizzazione, Ivi, p. 68.
[95] Riguardo al contributo essenziale portato da Giovannetti per l'introduzione del sonoro in Italia, si veda l'opera di P. VALENTINI, *Presenze Sonore. Il passaggio al sonoro in Italia tra cinema e radio*, Firenze, Le Lettere, 2007.

didascalie ed ancora tutti i rumori, fisiologici e meccanici, rimarranno il ricordo sbiadito d'una viva sonorità sociale democratica e parlante, quando il sonoro li avrà definitivamente deposti per imporre la sua voce narrante.

L'indagine assume sempre più i connotati del rilevamento sul campo quando l'autore descrive quello che normalmente viene proiettato dopo un film, ovvero quegli «umoristici scarabocchi» che sono i cortometraggi animati.

Talvolta questi «burattini del cinema» finiscono per coinvolgere ed intrattenere, più del film stesso, non solo i bambini, ma persino gli adulti, che rimangono piacevolmente colpiti da quello che Giovannetti definisce «il lato greco del cinematografo».[96]

L'importanza dei "pupazzetti" animati risiede nel *target* per il quale sono concepiti, cioè i bambini la cui assidua e costante presenza agli spettacoli di cinematografo carica di responsabilità sociali indirette il cinema: in sala i più piccoli affilano la loro moralità, i loro sensi ed il loro spirito.

Il cinema americano, rileva l'autore, ha provato a costruire per i bambini un'immagine moralmente pulita con la "nonnina" interpretata da Margaret Mann[97], ma questa, peccando in dinamismo e non riuscendo a risultare accattivante nel contesto estetico giovanile e paganeggiante del cinema, risulta inefficace. In compenso, al cinematografo si è resuscitata una nuova forma di "educazione cavalleresca": il redivivo amore per il cavaliere avventuroso. La bellezza cavalleresca, che rinasce nella civiltà meccanicizzata, è esplicitamente manifesta nel successo che ha riscosso un personaggio come Tom Mix[98]: un perfetto cavaliere ariostesco, funambolo ed amante delle donne, che con il suo cavallo Tony, forma un'unica

---

[96] E. GIOVANNETTI, *Il cinema e le arti...*, p. 79
[97] Margaret Mann (Aberden 4 aprile 1968-Los Angeles 4 febbraio 1941) fu un' attrice scozzese-americana. Giovannetti si riferisce probabilmente ad una serie di film in cui l'attrice impersona una "nonnina" ideata per i bambini. Di questi film fa parte *Our gang commedy* del 1931. La conoscenza di quest'attrice come di altri attori e studiosi di cinema si deve alla assidua frequentazione di Giovannetti del Centro Sperimentale di cinematografia di Roma.
[98] R. MARTELLI, *Tom Mix* in *Enciclopedia del cinema Treccani*, vol. III, Catanzaro, Grafiche Abramo S.p.a., 2004, pp. 105-106. Tom Mix (Thomas Edwin) fu un attore, regista e sceneggiatore statunitense (Dubois 6 gennaio 1880-Florence, 12 ottobre 1940). Recitò in circa quattrocento film e fu insieme a G. Anderson e W. Hart, uno dei massimi esponenti del *western*. I suoi film erano basati su un estremo manicheismo dei personaggi e sulla semplicità delle storie. La sua ultima apparizione sul grande schermo risale al 1935.

vibrante personalità che dallo schermo, finisce nei sogni dei bambini di tutto il mondo che ne hanno ammirato le gesta.

Il successo squisitamente popolare di Tom Mix sposta la lente d'ingrandimento sul cinema indagato come prodotto industriale: i nove decimi della produzione totale, mirano a soddisfare quell' «immenso volgo mondiale», che ancora risente della mancanza di una coscienza critica ancora tutta da costruire. Le produzioni cinematografiche migliorerebbero il tasso di qualità rispetto a quello quantitativo purché, afferma Giovannetti, il cinema si scrolli di dosso quell'influenza teatrale di cui ancora risente per derivazione diretta, schematismo scenico e creazioni dei caratteri che esaltano la persona (attore-divo) a danno della obiettività spirituale.

Giovannetti cade in evidente contraddizione: da una parte pare appassionarsi a Tom Mix (ed anche ad altri attori che citerà in seguito), dall'altra accusa l'industria hollywoodiana ed il divismo.

A proposito di attori e caratteri, l'autore rende espliciti i sui gusti, passando in rassegna i nomi che più hanno marcato il suo orizzonte spettatoriale . Tra gli attori definisce Emil Jannings «la più superba massa di carne che lo spirito abbia mai vivificata» ed ancora «sensualità costruttiva, una forza che tutto attrae e travolge», infine lo pone all'attenzione degli psicoanalisti come «massa carnosa travagliata da impulsi segreti, fatalità primordiali, complessi ombrosi»[99]; per il genere comico, indica come protototipo di umorismo teatrale e clownesco quello di Ridolini[100], insuperato simbolo del tempo in cui il cinema, «festoso e familiare», era il retrobottega del teatro e che viene ad essere sostituito da un prototipo di comicità vicino a quello rappresentato da Harold Lloyd, che incarna la «disperata dittatura ironica dello spirito sulla materia» e Buster Keaton, «l'uomo che non sorride mai suscitando infinite risate intorno a sè».

Una riflessione più profonda è dedicata a Charlie Chaplin, visto come il primo e più geniale uomo vero del cinema, lontano dai retaggi del

---

[99] Giovannetti fa riferimento alla sua interpretazione di Enrico VIII in *Anna Bolena* diretto da Lubitsch nel 1920, Ivi, p. 90.
[100] Larry Semon (Ridolini) muore nel 1928, due anni prima che Giovannetti pubblichi *Il cinema e le arti meccaniche*.

teatro[101].

Egli rappresenta la poesia amara dei vinti, una poesia caparbiamente infantile, resa attraverso l'arte cinematografica più «pura».

> [...] Chaplin non appartiene alla logica teatrale, nè a quella sociale. (Egli) è solo contro tutti e tutto, contro le vessazioni continue che non scalfiscono la sua melanconica originalità. [...] Il panteismo cinematografico ha in Chaplin il suo asser-tore più comico ed il suo negatore più tragico.[102]

Il cinema "industriale" è solo il compromesso tra arte e commercio e non ancora quell'arte cinematografica pura individuabile solo sporadicamente in alcune opere. Partendo da questa linea teorica, l'autore afferma che le degenerazioni estetiche dell'industria cinematografica sono figlie delle convenzioni basate su un deprecabile modello femminile. Al cinema si è imposta la «donnina dell'estetica settecentesca», quella «bambolina *jolie*» che ha definito le caratteristiche fisiche delle «dive» che, lontane dal cinematografo, verrebbero volgarmente definite «mezze porzioni»: donne piccole, carine, ma prive di quel magnetismo, che solo la massa armoniosa di una bella donna possiede[103].

Una possibile spiegazione a questo fenomeno estetico è individuabile nel fatto che una donna piccola è più facile da inquadrare, ma Giovannetti invita i direttori artistici a cambiare direzione:

> [...] se c'è una cosa ch'io amo ancor più della bellezza è il cambiamento: nel cinema come nella vita i grandi corpi sono in perenne cambiamento, un' inesauribile fontedi novità. I piccoli corpi debbono, per conservare il loro fascino, cristallizzare la loro grazia, uniformizzarsi.[104]

---

[101] L'autore sembra appoggiare l'esaltazione di Chaplin che i maggiori teorici cinematografici europei tessono negli anniVenti e Trenta. Si veda a riguardo MICHEL MARIE, *Il cinema muto. Un linguaggio universale* (titolo originale *Le cinéma muet*, traduzione di Elga Mugellini), Torino, Lindau S.r.l., 2008.

[102] E. GIOVANNETTI, *Il cinema e le arti*...cit., p. 99.

[103] Fa riferimento alle attrici americane di cui probabilmente si costruisce un' opinione durante le visioni al Centro Sperimentale di cinematografia di Roma.

[104] E. GIOVANNETTI, *Il cinema e le arti*...,cit, p. 103.

Un' eccezione che conferma la regola "giovannettiana" dell'inconsistenza delle «veneri lillipuziane» è rappresentata da Lilian Gish[105]: l'attrice possiede quella immediatezza spirituale rinvenibile in ogni sguardo e gesto, che le consente di superare ogni supeficiale presunzione di esteriorità.

Il tono di Giovannetti, passando per l'antidivismo, assume tonalità sessiste laddove giunge ad affermare che la costituzione di un pubblico cinematografico prettamente maschile, diventa imprescindibile per l'affermazione in senso estetico-artistico del cinema[106].

L'assunto da cui deriva tale posizione va ricercato nel fatto che, secondo l'autore, l'ideale estetico di ogni epoca è creato dallo spirito virile e, data la storia di minoranza dell'estetica femminile, questa non ha mai potuto esprimersi sulla bellezza come hanno fatto gli uomini.

La donna, pur apparendo la regina dello scintillante mondo del cinema, non vi rappresenta che una passività assoluta, giacché l'estetica di ribellione del cinematografo può essere valutata solo dagli uomini. Ne deriva che il modello cinematografico della «diva *jolie*»[107], incomprensibile agli occhi dell'autore, altro non è che una risposta necessaria e tecnica al gusto estetico della società che predilige invece i grandi corpi slanciati. L'estetica maschile dominante bollerebbe dunque come "non belle" quelle che il cinematografo esalta come dive.

Diverso è il discorso per gli attori, quei divi che a giudizio dell'autore esaltano al cinema i canoni dell'estetica dominante. Non sono rari d'altro canto, i casi in cui barlumi d'una rivoluzione di estetica femminile prendono il largo tra i fenomeni cinematografici. A questi Giovannetti fa risalire il successo di Adolfo Menjou che, definito uno «scimmiottino malizioso» e per nulla bello, riesce ad imporsi al gusto

---

[105] G. CARLUCCIO, *Lillian Gish* in in *Enciclopedia del cinema Treccani*, vol. III, Catanzaro, Grafiche Abramo S.p.a., 2004, p. 43. Lillian Gish (Springfield 14 ottobre 1893- New York, 27 febbraio 1993) fu un'attrice teatrale e cinematografica legata in un sodalizio artistico con David W. Griffith, per il quale nel periodo 1915-1922 impersona la ragazza fragile ed indifesa, simbolo dell'innocenza contro la malvagità del mondo. Tra i suoi film si ricordano *The Muskeeters of Pig Alley* del 1912 e l'unico girato come regista *Remodelling her husband* del 1920.
[106] L. MAZZEI, *Angelina Buracci cinepedagoga...*, p. 93.
[107] A questo proposito si vedano gli studi dell'accademico Richard Dyer sul corpo delle attrici americane ed in particolare su Lilian Gish.

femminile, il quale ama per ribellione ciò che comunemente sarebbe definito brutto.

Prima di passare in rassegna quelle che sono le più promettenti realtà produttive cinematografiche a livello mondiale, l'autore non risparmia di tracciare le sue personalissime idee per rafforzare qualitativamente le produzioni: puntare su soggetti letterari elaborati con metodi di scrittura prettamente cinematografici quali le biografie ed insistere sul film documentario, già definito il genere cinematografico per eccellenza, che consente una diretta rappresentazione panteistica della natura.

Come di consueto l'analisi di Giovannetti parte da un'affermazione teorica per poi articolarsi in maniera argomentativa:

> [...] I popoli dove l'arte cinematografica fiorisce di più sono quelli [...] in cui l'io è sempre pronto ad immergersi con infantile gioia nel tutto[108].

Così in Paesi come Inghilterra, Italia e Francia, che hanno un senso di «aristocratica individualità», l'arte filmica produce con fatica; al contrario in Paesi dotati di un «infantile panteismo» ed una collaudata organizzazione industriale come gli Stati Uniti, o dove il cinema assume l'importanza e la dignità di una funzione statale come in Russia, la produzione risulta più vicina alla «purezza».

In particolare, in Russia si utilizza il mezzo cinematografico con fini propagandistici e formativi, valorizzando esclusivamente una produzione nazionalistica. Ciò che Giovannetti trova sorprendente della cinematografia russa è l'organizzazione di quell' educazione cinematografica, che mira a formare l' «homo cinematographicus» del futuro. In Russia si forgiano due tipi di cinematografisti: il *tecnico* ed il *drammatico*. La formazione tecnica è affidata ad un «kinephototechnikum», che tiene un corso accademico della durata di quattro anni; quella drammatica è affidata ad una apposita sezione dell'Istituto di Stato per le arti sceniche ed è anch'essa articolata in un corso di quattro anni. L'autore descrive in maniera peculiare l'articolazione in

---

[108] E. GIOVANNETTI, *Il cinema e le arti...*, cit,, p. 117.

discipline dei corsi, giungendo poi ad individuare i due insegnamenti più rappresentativi del cinema russo: «l'abolizione dell'io cinematografico» da cui deriva il tramonto dell'epoca dei divi e la definizione di cinema come «il mistero della semplicità nella sua forma più pura».[109]
I più eminenti rappresentanti nel contesto della cinematografia sovietica sono: Èjzenštejn, Pudovkin e Vertov. Riguardo al primo, l'autore lo definisce un costruttore dal vivo di un linguaggio dello schermo profondo, immediato e cronistico; *La corazzata Potëmkine* è una «tragica documentaria» in cui l'azione passa attarverso lo spettatore, travolgendolo.

Pudovkin è, invece, il grande poeta epico, un nuovo «Omero cinematografico», i cui due più grandi capolavori, *La madre* (1926) e *Tempeste sull'Asia* (1928)[110], rappresentano le nuove *Iliade* ed *Odissea*, dove il primo è uno sconsolato poema dell'amore materno, profondo, semplice e suggestivo ed il secondo è il racconto straordinario della vita di un piccolo mongolo, in cui la fiaba si fa tragedia e la tragedia diventa caos.

Riguardo a Vertov, Giovannetti lo definisce «un cercatore ardito di nuove forme costruttive»; per Vertov, il film è musica pura costruita sulla meccanicità: il compito dell'artista cinematografico è quello di situarsi a metà tra le due uniche componenti dell'opera filmica, immagine fotografica e tempo, per stabilire il tempo giusto per ogni immagine.

L'unico pericolo per la "scuola russa" è quello di aprirsi alle influenze delle produzioni straniere per tradurre in successo industriale il successo artistico.[111]

Dopo quella russa, la cinematografia più «intelligente e dinamica» è quella tedesca che, seppur fortemente (e non sempre favorevolmente) influenzata dalla teoria estetica dell'espressionismo, si impone come produzione interessante.

I film tedeschi mirano a rappresentare un mondo non riprodotto, ma artisticamente riarchitettato dall'istanza creatrice (intesa come istanza

---
[109] Ivi, p. 121.
[110] Cita il film *Uragano sull'Asia*, Ivi, pp. 123-127.
[111] E' evidente qui l'aderenza di Giovannetti all'ideologia fascista.

narrante ed artefice dello stile) che, proprio nel momento della creazione, costruisce nuove regole e nuove geometrie interiori, senza convenzioni sociali o intellettuali a cui obbedire.

Le difficoltà del cineasta espressionista sono però più insidiose rispetto a quelle del pittore espressionista, in quanto se su una tela il corpo umano può essere "sminuzzato e ricomposto", sullo schermo esso costituisce un' unità espressiva autonoma, inscindibile, sempre uguale e riconoscibile. Se *Il gabinetto del dottor Caligari* (Robert Wiene, 1920) apparve, secondo l'autore, come immerso in un'atmosfera convulsa, un' opera «epilettica figlia dell'ebbrezza e del turbine», è proprio a causa del suo eccessivo espressionismo. Nell'eccesso opposto, cioè in una decorazione boriosa e monumentale ed in un barocco meccanico, ricade il film *I nibelunghi* di Fritz Lang (1924) che, per non incorrere nelle «violente astruserie» dell'espressionismo, sfocia in una «volgare megalomania»[112].

Da questo dualismo critico, da questa crisi estetica, sono comunque emerse personalità artistiche di cui l'autore tesse le lodi: Murnau, Wegener, Ruttmann e Richter. In particolar modo questi ultimi due rappresentano un nuovo corso post-espressionista, in cui l'obiettività fotografica e il documentarismo prevalgono sulla costruttività dinamica dell'artista promossa dall'espressionismo. Si tratta comunque di costruzioni filmiche figlie di cineasti che, nell'espressionismo, si erano formati e dunque ancora costituite da sintesi ardite, simbolismi ed intensificazioni espressive[113].

In ultima analisi, questa nuova tendenza cinematografica tedesca corre il rischio di porsi come «un'affannosa somma di attimi fotografici», che mal si concilia con l'attitudine della psiche umana che non è votata all' «addizione ordinata», ma alla «sottrazione violenta e alla moltiplicazione arbitraria» di immagini.

Infine Giovannetti segnala un'altra novità che si sta affermando in Germania: il cinematografista «dilettante».

Costui ha come guida solo il suo spirito artistico ed è capace di sfruttare la semplificazione tecnica della macchina da presa che ormai

---

[112] E. GIOVANETTI, *Il cinema e le arti...*, p. 131.
[113] Fa riferimento ai film *Sinfonia d'una grande città* (Walter Ruttmann, 1927), *Fantasmi del mattino* (Hans Ritcher, 1928).

sottrae il cinema alla grande industria per renderlo un'arte individuale ed artigianale.
Infine, l'autore passa ad indagare il cinema in relazione alla pedagogia. L'analisi parte da una appassionata lode dell' Istituto Internazionale di Cinematografia Educativa, fondato per volere di Mussolini il 5 novembre 1928 presso Villa Falconieri di Frascati.
Tale istituzione prepara il cinema, secondo Giovannetti, ad una grande rivoluzione della scuola che ricolloca l'uomo al centro delle lettere.
Il fatto stesso di mettere l'uomo al centro delle discipline educative ricongiunge idealmente queste ultime alla «serenità» della pedagogia rinascimentale e cioè alle idee della «sovrana dignità di un corpo sano e ben fatto» di Leon Battista Alberti.
I film educativi possiedono un potenziale enorme, ovvero la possibile diffusione di conoscenza tecnica, artistica, meccanica, industriale ed agricola, che fanno del cinematografo «la gioia della pedagogia». Non di meno le scienze morali e religiose cercano nel cinema un grande alleato[114]. Conseguentemente il cinema educativo:

> [...] assumerà il gravoso e meraviglioso compito di mostrare all'uomo le più tenui radici del suo essere fisico e la complessità tragica delle forze che lo insidiano[115].

Procedendo il discorso teorico sui generi, viene individuato quello che ha per fine ultimo la «bellezza pura» e che l'autore definisce «la film assoluta».
La peculiarità di questo tipo di film, diffuso principalmente in Francia, sta nell'escludere la personalità umana dall'estetica, tentando di ridurre il dramma «alle pure cose o ai simboli puramente grafici». In questo senso il cinema deve cogliere la vita dello spirito come essenza pura del moto e l'occhio dello spettatore deve abbandonarsi al ritmo ed alla sintesi delle forme in movimento, come in una specie di «tacita musicale avventura»[116].

---

[114] Fa riferimento ai film girati negli Stati Uniti dal *Religious Film Trust*, Ivi, p. 147.
[115] Ivi, cit., p. 149.
[116] Si riferisce in particolare alle influenze del futurismo individuate nel film *Ballet mécanique* (Fernand Lèger, 1924), Ivi, p. 153.

Come ultimo stadio della sua analisi sul cinema e prima di proporsi in un discorso sulla radiofonia e sulla televisione, Giovannetti affronta la questione relativa al fonografo ed al film sonoro. Se è vero che il cinema possiede un'estetica fondata sulla partecipazione diretta della vista, quale senso legato alla «suggestione veristica», è altrettanto vero che la tecnica non si è fermata all'immagine e dunque l'estetica trova un altro senso su cui fondare un nuovo linguaggio cinematografico: l'udito. Dunque la tecnica «guastafeste» è riuscita a consegnare all'immagine, che l'estetica definiva come autosufficiente, la parola naturalistica e veristica.

L'autore, pur avendo affermato che l'immagine possiede già un linguaggio spesso «più eloquente della parola», tenta di vedere in prospettiva futura l'avvento del sonoro:

> Fondata la festa dell'imagine su la gioia concreta dell'occhio, è logico che la tecnica pensi di poter fondare una festa dei suoni su la goia concreta dell'orecchio.[117]

L'urgenza è quindi quella imposta dall'autonomia raggiunta dal film muto e cioè quella di non sovrapporre le due istanze tecniche (muto e sonoro), ma lasciarle libere di esprimere distintamente due tipi di cinematografie.

L'avvenire cinematografico del sonoro va individuato non nella parola e nei dialoghi, ma nella sonorità in genere in quanto i suoni possono diventare simboli spirituali.

> [...](il suono) dovrà ricostruire l'orchestra panica, un'orchestra cioè naturalistica che sia una diretta emanazione delle cose e ne esprima la spirituale sostanza.[118]

Giovannetti identifica nel suono l'elemento dionisiaco, l'essenza spirituale ed identifica nell'immagine l'elemento apollineo, lo splendore esterno.
L'elemento sonoro deve quindi essere il creatore delle immagini e non

---
[117] Ivi, cit., p. 159.
[118] Ivi, cit., p. 161.

il coloritore; la vera cinematografia sonora sarà compiuta quando un suono evocherà, anticipandola, l'immagine cui si riferisce.

Il suono è per lo spirito un perenne generatore di immagini, che si manifesta in due modi distinti: il suono come *timbro*, agendo in profondità, produce un'immagine o un'associazione di immagini «subitanee e perfette»; il suono come *tema*, agendo in estensione, produce un'associazione «emotiva» d'immagini.

Con il film sonoro, Giovannetti prevede il definitivo tramonto del divismo, in quanto non sarà più l'occhio, ma la bocca il centro espressivo e ciò porrà fine alla «frivola dittatura della femminilità» con l'affermarsi di un'estetica cinematografica più interiore e spirituale.

> L'Apollo è crollato ed un nuovo Dioniso avanza con i suoi cantori per rivitalizzare, con fervore di speranze, le aspettative per un domani artistico non più in crisi.[119]

L'analisi sul cinema come *arte meccanica*, si conclude con il prefigurarsi di una nuova lotta, derivazione diretta dell'opera cinematografica, che non sarà più tra spazio e spazio, ma tra senso e senso.

2.5 Analisi comparativa dei testi.

Per rilevare i punti di contatto e le differenze che accomunano ed allontanano i tre testi presi in considerazione, occorre innanzitutto evidenziarne la diversa natura strutturale e la diversa datazione: *Trionfo del Cinematografo* è un saggio che, prima di essere riproposto nell'ambito del più ampio scritto *Nascita di una sesta arte. Saggio sul cinematografo*[120], viene pubblicato da Canudo sotto forma di articolo sul fiorentino «Nuovo Giornale» il 25 dicembre 1908; *Cinematografo educativo* è un libretto di matrice speculativa pubblicato da Angelina Buracci nel 1916; *Il cinema e le arti meccaniche* è un libro di teoria cinematografica, che Giovannetti pubblica nel 1930. Seppur separati da ventidue anni, in cui necessariamente la teoria e la critica

---

[119] Ivi, cit., p. 178.
[120] G. GRIGNAFFINI, *Sapere e teorie del cinema...*, p. 59.

cinematografica hanno compiuto un percorso d'evoluzione formale e contenutistica, i testi di Giovannetti e Canudo appaiono accordarsi tra loro, in particolare nell' analisi estetica che rispettivamente forniscono dell'arte cinematografica. Per entrambi gli autori, il cinema assume un'importanza ed un fondamento spirituale: Canudo definisce il cinema il «Nuovo Tempio», Giovannetti ne definisce «spirituale» la suggestione che esso esercita sullo spettatore, che consuma quello che Canudo definisce «Nuovo Rito», cioè l'atto di recarsi al cinematografo. Allo stesso modo i due autori-teorici accostano il termine «Festa» al cinema: Canudo utilizza il termine per indicare l'oggetto consegnato dal cinematografo all'umanità che ritorna «fanciulla» grazie allo spettacolo dello schermo[121]; Giovannetti, nell'ambito del discorso sul sonoro, definisce il cinema «Festa dell'immagine». Infine entrambi gli autori evidenziano e lodano la caratteristica sintesi dell'arte cinematografica, individuando entrambi nel "gesto" eloquente, un fondamento del linguaggio del film.

Più problematico risulta l'accostamento del pensiero di Giovannetti a quello di Angelina Buracci. Pur affermando entrambi l'importanza che il cinematografo riveste nella sua accezione educativa e concordando sul fatto che al cinema i bambini affinano la loro moralità ed educano il loro spirito; infine pur indicando come produzioni "ideali" i documentari geografici e le biografie storiche, i due autori risultano in disaccordo sul ruolo della spettatrice.

Giovannetti addirittura afferma che tutta l'estetica, non solo quella cinematografica, assume dignità solo se concepita da menti maschili; Buracci, personalmente coinvolta nel processo di emancipazione femminile[122], non può accettare che la presunta mediocrità dello spettatore dipenda dal fatto di essere di sesso femminile. La stessa Buracci, pare assumere una netta posizione di contrasto rispetto agli scritti di cinema di molti autori[123] suoi coevi che esprimono come necessaria per il cinematografo una specifica spettatorialità basata su

---

[121] Ivi, cit., p. 108.
[122] L. MAZZEI, *Angelina Buracci cinepedagoga...*, p. 97.
[123] Si vedano a riguardo gli scritti di: Antonello Gerbi, *Invito alle delizie del cinematografo*, in «Il Convegno», VII, 11-12, 25 novembre-25 dicembre 1926; Corrado D'Errico, *La donna di ieri*, in «Il Mondo a lo Schermo», I, 10, 18 luglio 1926, pp. 9-10; Mariani Dell' Anguillara, *Avventura cinematografica*, in «Lo Schermo», I, 1, 23 agosto 1926, pp. 11-12; oltre al già citato *Filosofia del cinematografo* di Giovanni Papini.

una netta distinzione sessuale.

Per quanto riguarda l'accostamento tra gli scritti *Trionfo del cinematografo* e *Cinematografo educativo*, entrambi partono dal luogo del cinema, la sala, per poi articolare il proprio discorso sul pubblico. I due autori sembrano concordare quando interpretano il cinema come il luogo dove poter liberarsi dalle convenzioni sociali: Canudo afferma che al cinematografo «l'élite e la massa» vengono entrambi coinvolte, senza distinzioni, dallo «spirito nuovo» che lo spettacolo forgia; Buracci vede il cinema come un luogo progettualmente multiclassista, per niente identificabile come un passatempo destinato solo a menti mediocri.[124]

In ultima analisi bisogna considerare la portata rivoluzionaria della riscoperta di un testo come quello di Angelina Buracci che, oltre a restituire al dibattito critico cinematografico la presenza femminile (peraltro già riconsiderata dalle ricerche degli ultimi anni sul cinema), appare del tutto una voce fuori dal coro se lo si considera alla luce del contesto storico in cui si colloca. La pedagoga esprime, in anni di guerra, due concetti assolutamente controcorrente e cioè quello per cui «per amare se stessi, non è necessario odiare gli altri» ed ancora «la pietà è come l'arte: non ha patria», con l'intenzione di insegnare, attarverso il cinema, che l'odio non si estingue con l'odio.

---

[124] Buracci, come rilevato anche da Luca Mazzei, pare polemizzare in particolare con Giovanni Papini che, in *Filosofia del cinematografo* afferma che al cinematografo il pubblico sia composto in particolare da quelle categorie sociali (donne e bambini) che non possiedono un controllo psicologico delle emozioni tale da poter permettere la nascita di qualsiasi riflessione cinematografica.

Capitolo terzo

Il cinema educativo e la guerra.

3.1 La rappresentazione della guerra nel cinema delle origini: dai film patriottici ai reportage della guerra di Libia.

Se l'elaborazione di un discorso teorico intorno al cinematografo diventò concreto dopo il 1907 rilevandone la *funzione educativa*[125], già due anni prima, nel 1905, *La presa di Roma*[126] attestava come peculiarità della produzione cinematografica italiana, le pellicole a carattere storico-patriottico. *La presa di Roma*, pur non potendo definirsi il primo film italiano a soggetto, fu il primo realizzato secondo criteri industriali con qualità narrative e modalità tecniche che ne rendevano plausibile una produzione in serie ed una distribuzione capillare[127]. Realizzato in parte nel pioneristico stabilimento Alberini & Santoni (da cui nel 1906 nascerà la Cines)[128], fu definito nell'ambito delle teorie elaborate da Nöel Burch[129], un'attualità ricostruita a quadri, a struttura autarchica. Filoteo Alberini[130] realizzò il film con un triplice intento: stupire attraverso le possibilità spettacolari offerte dalla novità tecnologica del cinematografo, rianimare i sentimenti risorgimentali ed accrescere le conoscenze storiche di chi non aveva vissuto sulla propria pelle le vicende dell'unità d'Italia, culminate con l'assalto a Porta Pia. In effetti quando il 20 settembre 1905 alle ore 22 sul telone bianco allestito nella suggestiva cornice nei pressi di Porta Pia (nell'ambito dei festeggiamenti per il 35° anniversario della presa di Roma) si proiettarono i sette quadri originali della pellicola, si

---

[125] G. GRIGNAFFINI, *Sapere e teorie...*, p. 28.
[126] *La presa di Roma* (F. Alberini, 1905).
[127] M. CANOSA (a cura di), *1905. La presa di Roma. Alle origini del cinema italiano*, Genova, Le Mani, 2006, pp. 42-43.
[128] G. P. BRUNETTA, *Il cinema muto italiano. Da la Presa di Roma a Sole (1905-1929)*, Bari, Laterza, 2008, p. 34.
[129] N. BURCH, *Il lucernario dell'infinito. Nascita del linguaggio cinematografico*, op. cit.
[130] M. CANOSA (a cura di), *1905. La presa di Roma...*, pp. 44-46. Filoteo Alberini (Orte14 marzo 1864-Roma 12 aprile 1937), entrò nel 1892 all'Istituto Geografico Militare di Firenze dove si dedicò agli studi di topografia, fotografia scientifica ed ottica. Brevettò due apparecchi per la ripresa e la proiezione cinematografica, divenne esercente cinematografico e trasferitosi a Roma nel 1902 avviò la sua carriera di produttore.

consumò un evento: Alberini che aveva realizzato il suo film seguendo i canoni delle produzioni storiche in voga all'epoca in Francia fu costretto, a gran richesta della folla, a proiettarlo più volte.

> Il "clou" della serata fu poi la riproduzione cinematografica della presa di Roma. La ricostruzione del memorabile fatto, dovette essere proiettata più volte sulla tela in principio di via Nomentana e le migliaia di persone che assistevano allo spettacolo scoppiarono spesso in entusiastiche acclamazioni, poiché il cinematografo riproduceva la raffigurazione di episodi che trentacinque anni or sono fecero palpitare i cuori di tutti gli italiani.[131]

In particolare i quadri terzo, quarto e quinto restituivano vere e proprie immagini di guerra: il terzo (intitolato *Al Campo dei Bersaglieri-All'armi!*)[132], mostrava l'alba del venti settembre nell'accampamento dei bersaglieri al momento dei preparativi prima dell'assalto risolutivo; il quarto (*L'ultima cannonata*) mostrava l'apertura della breccia; il quinto (*La breccia a Porta Pia-All'assalto!*) ricostruiva, in una scena corale ricca di enfasi, l'assalto finale. Il film poi si chiudeva (come in uso nelle produzioni francesi studiate da Alberini) con un quadro intitolato *Apoteosi*, un *tableau vivant* che nell'intento dell'autore e dei committenti della pellicola, doveva essere quello deputato all'esaltazione dei sentimenti di patriottismo, che un'opera-monumento come *La presa di Roma* già suscitava all'atto di nascita del cinema italiano.

L'importanza della missione didattica imposta al film dal Comitato per i festeggiamenti del 35° anniversario della presa di Roma (tra i cui esponenti spiccano componenti della massoneria)[133], aveva connotati politici: il film doveva ribadire il concetto di laicità dello Stato italiano attraverso l'evocazione diretta del momento storico in cui cessava il potere temporale del Papa. Il ministro dell'Istruzione dell'epoca, Baccelli, mirando non tanto a programmi scolastici di eccellenza, ma

---

[131] Ivi, cit., p. 11.
[132] I titoli e le descrizioni dei quadri sono riportati nella seconda pagina del «Bollettino n. 1 della Alberini & Santoni», che veniva venduto agli spetttori come un libretto. Cfr. A. BERNARDINI, *Cinema muto italiano*, vol. II, Roma-Bari, Laterza, 1981, pp. 83-88.
[133] M. MUSUMECI, S. TOFFETTI (a cura di), *Da La presa di Roma a Il piccolo garibaldino. Risorgimento, massoneria e istituzioni: l'immagine della Nazione nel cinema muto (1905-1909)*, Roma, Gangemi Editore, 2007, p. 14.

piuttosto al radicamento di un'educazione civica di tipo laico, affermava che il popolo andava limitatamente istruito, ma adeguatamente educato, in una visione paternalistica tipica dell'azione pedagogica massonica incline ad un'educazione morale e patriottica delle classi popolari che ne facilitasse il controllo culturale[134]. Del resto il cinema era già molto apprezzato dalle classi meno abbienti che costituivano il pubblico ideale per il carattere delle rappresentazioni eminentemente visivo, ritenute immediatamente comprensibili. Il cinematografo, poi, era uno spettacolo collettivo che ben si prestava come strumento di una strategia didattico-pedagogica: in quegli stessi anni circolava con grande fortuna in tutta Europa il testo del saggista francese di formazione positivista, Gustave Le Bon, dal significativo titolo *La psicologia delle folle*[135]. Le Bon sosteneva che la concentrazione di una folla emotivamente coinvolta da un medesimo fattore scatenante, rendeva il gruppo stesso un'entità indistinta, accomunata da un esponenziale incremento del tasso di eccitazione e di recettività:

> L'individuo isolato ha la possibilità di controllare i suoi riflessi, mentre la folla ne è sprovvista. I diversi impulsi ai quali le folle obbediscono, potranno essere secondo le stimolazioni ricevute, generosi o crudeli, eroici o vili, ma saranno sempre tanto imperiosi che persino l'istinto di conservazione si annullerà davanti ad essi[136].

Parimenti, e sempre riferendosi al film *La presa di Roma*, lo scrittore Gualtiero Fabbri, nel suo breve scritto *Al cinematografo*[137] fornì, attraverso un racconto di finzione, oltre a testimonianze fondamentali tra cui quella della presenza della figura dell'imbonitore[138],

---

[134] Opinione riportata da M. CRESPI, in *Dizionario biografico degli italiani*, alla voce *Baccelli, Guido*, vol. V, Catanzaro, Grafiche Abramo S.r.l., 2000, p. 13.
[135] G. LE BON, *Psicologie delle folle*, op.cit.
[136] Ivi, pp. 24-26.
[137] Il racconto, editato a Milano nel 1907 dall'esercente cinematografico Pietro Tonini è stato riproposto integralmente da SERGIO RAFFAELLI (a cura di), *Un pioniere, Gualtiero Fabbri, Al cinematografo*, in "Quaderni di «Immagine»", n. 1, Roma, Associazione Italiana per le Ricerche di Storia del Cinema, 1993, pp. 5-51. A questo si rimanda anche per le notizie biografiche su Gualtiero Fabbri, p. 54.
[138] Ivi, p. 12.

un'esaltazione delle qualità moralizzatrici e pedagogiche del cinematografo:

> [...] Voglio dire, non crede forse che gli spettacoli che si vedono al cinematografo, non tutti, però, i più, intendo, siano di incremento allo sviluppo morale del popolo, educativi in sommo grado per i fanciulli e a vantaggio di tutti?[139]

Tre anni dopo la prima proiezione del film di Alberini, mentre Ricciotto Canudo fissava i termini dell'estetica cinematografica, la funzione didattico-pedagogica continuava ad occupare il dibattito critico sulle riviste:

> Tutto quello che ha scopo insegnativo è lodevole. Vorremmo domandare: Dite, il popolo trae dai ricordi patriottici giovamento morale o detrimento intellettuale? A noi sembra che veramente nulla possa provvedere alla popolare educazione che le rievocazioni delle grandi gesta degli antenati ed allora, considerando che il poco ammissibile che la maggioranza in specie degli operai possa foggiarsi una cultura storica bastevole, che di meglio che offrir sullo schermo cinematografico insieme alle altre proiezioni anche qualche ricordo di fasti grandiosi, considerato anche che il popolo h atanto apprezzato ed imparato ad amare questo nuovo genere di arte? [...]
> Abbiamo sostenuto che la divisa nostra sarà: *dilettare* ed *istruire*.[140]

Con altrettanta veemenza venne auspicato l'uso del cinematografo nelle scuole pubbliche come strumento didattico per appassionare i ragazzi alla storia della nazione. Con accezioni solo in parte diverse rispetto a quanto affermerà sette anni dopo la pedagoga Angelina Buracci[141], una professoressa della Scuola Normale di Firenze in un articolo pubblicato in «La Cinematografia Italiana» affermava:

> Ben venga la cinematografia a parlare ai giovani delle lotte sublimi per la nostra indipendenza. Ben venga ricordare gli atti eroici compiuti da grandi e piccoli in momenti dolorosi per la patria nostra.[142]

---

[139] Ivi, cit., p. 19.
[140] *Sulle rappresentazioni cinematografiche storiche*, in «Rivista Fono-Cinematografica», 4 dicembre 1908, a. II, 42, p. 4.
[141] A. BURACCI, *Cinematografo educativo...*, p. 49-50.
[142] A. BOSSI, *Cinematografia didattica* in «La Cinematografia Italiana», 1 gennaio 1909, a. II, 29-

Se fino al 1909 l'educazione ai valori risorgimentali fu in special modo rivolta agli adulti, il 1911 rese definitivamente destinatari privilegiati della pedagogia cinematografica i ragazzi, divenuti sistematicamente oggetto dell'intenzione istituzionale di educare le future generazioni ad una morale condivisa e partecipe del destino nazionale. Al Concorso Internazionale di Cinematografia, allestito presso l'Esposizione Industria e Lavoro di Torino furono premiati due film a soggetto risorgimentale: *Nozze d'oro* (Luigi Maggi, Ambrosio Film) per la categoria Cinematografia artistica[143] e *Il tamburino sardo* (Cines) per la categoria Pellicole didattiche[144].

Il 1911 fu un anno cruciale per il cinematografo: con la produzione della pellicola *Inferno* della Milano Films, (con un metraggio attestato di 1200 m.), nasceva il lungometraggio[145]. Non solo. Nel settembre dello stesso anno si apriva il fronte libico della guerra italo-turca: una guerra di affermazione nazionale per un ruolo di prestigio in Europa e un'affermazione militare e tecnologica che consisterà in un collaudo dei *mass media* come armi di propaganda bellica. Tra questi i cinegiornali ed i documentari di guerra sperimenteranno quel *modus comunicandi* che diventerà fisso durante la prima e la seconda guerra mondiale. La propaganda di guerra trovò larghi spazi su riviste, quotidiani e periodici, ma la cinematografia rappresentò, per motivi diversi, uno strumento d'avanguardia per il coinvolgimento del pubblico e dei militari: nelle sale soddisfava la richiesta d'intrattenimento votato alla stimolazione di particolari dinamiche emozionali, al fronte rappresentò il ponte ideale per rimanere collegati alla madrepatria.

La vocazione documentaristica e quella storico-patriottica del mezzo cinematografico si fusero grazie al contributo di operatori quali Bixio Alberini (nipote di Filoteo Alberini) e Luca Comerio che su mandato

---

[142] 30, p. 4.
[143] S. RAFFAELLI, *Pellicole censurate per rispetto della Triplice Alleanza* in «Storia e problemi contemporanei», XII, 23 giugno 1999, [numero monografico *E la storia va...Cinema e storia*, Bologna, Clueb, 1999], p. 57.
[144] M. ADRIANA PROLO, *Storia del cinema muto italiano*, Milano, Il Poligono, 1951, p. 52.
[145] *Inferno* (Padovan, Bertolini, De Liguoro, 1911). Cfr. D. GHERARDI, G. LASI, *L'inferno: Grandioso Film d'Arte della Milano Films*, in «Cinegrafie», XIX, n. 20, 2007, pp. 313-330.

delle principali case di produzione (Pathé, Comerio Film, Cines, San Giorgio Films) effettuarono riprese per attualità ricostruite e film di finzione[146].

Luca Comerio fu autore di numerose riprese in Libia grazie al suo stretto rapporto con la Marina Militare Italiana, così come buoni rapporti con l'Istituzione Militare doveva avere Bixio Alberini dato il trascorso all'Istituto Geografico Militare di Firenze dello zio Filoteo. Le riprese erano però irrigimentate da regole precise per evitare che la visione favorisse il nemico e si verificassero casi di spionaggio militare: non era possibile seguire i reggimenti in marcia; le scene di battaglia erano ricostruzioni che, pur non risparmiando di mostrare la durezza della realtà di guerra, non potevano in nessun modo costituire un vantaggio per l'esercito nemico; in sostanza era possibile mostrare i nemici trucidati, ma mai lo schieramento effettivo delle linee dell'esercito. Le produzioni relative alla guerra di Libia furono diverse: Luca Comerio fu il più prolifico e tra i suoi lavori risultano *La presa di Zuara. Il documento ufficiale di una pagina di storia* (1912), *La vita dei nostri ascari eritri in Libia* (1912)[147] e *La battaglia delle Due Palme* (1912)[148]. A proposito di quest'ultima pellicola va notato come la pedagoga Gisella Chiellini[149], nel 1915, ne attesterà la funzione pedagogica positiva della proiezione avvenuta presso la scuola elementare "Luigi Alamanni" di Firenze, in aperta contraddizione rispetto a quanto affermerà un anno più tardi Angelina Buracci che contesterà l'incitazione all'odio verso il nemico che la visione dei suddetti film provocava nei giovani spettatori[150]. L'importanza politica-sociale della guerra di Libia fu tale che le produzioni cinematografiche non si esaurirono unicamente alle attualità ricostruite ed ai film di finzione: fin dai primissimi giorni di guerra era in corso in tutta Italia il grande progetto delle "cinematografie delle famiglie" dei combattenti. Si trattava di filmati di saluti raccolti

---

[146] L. MAZZEI, *La celluloide e il museo. Un esperimento di "cineteca" militare all'ombra della prima Guerra di Libia (1911-1912)*, in «Bianco e Nero», LXXII, n. 571, 2011, pp. 74-75.
[147] V. FESTINESE, *Immagini dalla Libia (1911-1912)*, in «Bianco e Nero», LXXII, n. 571, 2011, p. 53.
[148] L. MAZZEI, *La celluloide e il museo...*, p. 76.
[149] G. CHIELLINI, *L'azione educativa del cinematografo nella Scuola elementare*, Firenze, Stab. Tip. San Giuseppe, 1915, pp. 5-6.
[150] A. BURACCI, *Cinematografo educativo...*, p. 59.

gratuitamente per opera della Cines in giorni e luoghi prestabiliti, che poi sarebbero stati proiettati al fronte ai soldati come vere e proprie "cine-cartoline"[151]. Questa enorme manifestazione patriottica aveva nei propositi anche una funzione civile di educazione al gesto e di accordo delle emozionalità personali, racchiuse in uno slancio che doveva essere partecipato ed unitario. Nell'ottica dell'innovazione tecnologica cinematografica e del suo asservimento alla funzione pedagogico-didattica, oltre che alla cristallizzazione della memoria di momenti importanti della vita nazionale, si collocano due pellicole recentemente ritrovate da Luca Mazzei e Sila Berruti presso il Museo Storico dei Bersaglieri di Porta Pia di cui i due ricercatori hanno prodotto, congiuntamente con la Cineteca Nazionale, l'Università di Tor Vergata e l'Ufficio storico dello Stato Maggiore dell'Esercito, un master digitale depositato presso la Cineteca Nazionale[152]. Le pellicole intitolate *Sbarco delle salme dei generali A. Lamarmora e R. Montevecchio a Genova. 14 giugno 1911* e *Cronaca cinematografica della guerra Italo-Turca*, furono donate al Museo con il probabile intento di costituire una cineteca militare[153]: la prima è un documentario della San Giorgio Films in cui viene mostrato l'arrivo in Italia dei corpi dei due generali morti in Crimea nel 1855 che furono riportati in patria in occasione del cinquantenario dell'unità d'Italia, sulla scia del clima di nazionalismo innestatosi durante i mesi che precedettero la guerra di Libia; la seconda fa parte della numerosa serie di documentari che la Cines dedicò al conflitto libico.

In ultima analisi va notato come l'entusiasmo patriottico della guerra di Libia avesse influenzato trasversalmente tutte le produzioni italiane: dal kolossal dannunziano *Cabiria* di Giovanni Pastrone per la Itala Film di Torino nel 1914 a quelle più marginali rispetto ai poli produttivi di Roma, Torino e Milano. E' il caso delle produzioni partenopee, come quella della Vesuvio Film che nel gennaio 1912, per emulare quanto fatto dalla Cines con la serie dedicata alla guerra libica, realizzò un film sfruttando i fotogrammi di una pellicola girata in precedenza in una caserma dell'11° Bersaglieri[154] ed ancora quanto

---

[151] L. MAZZEI, *La celluloide e il museo...*, p. 77.
[152] Ivi, p. 82.
[153] Ivi, pp. 73-74.
[154] Ivi, 81.

prodotto sempre nel 1912 da una realtà artigianale come la Dora Film, impegnata costantemente nella realizzazione di pellicole a carattere locale, che non rinunciò a produrre film d'ambientazione bellica[155].

Una volta di più queste testimonianze servono a capire quanto l'affermazione del cinematografo in Italia passasse attraverso l'utilizzo politico e pedagogico del *medium* che, per la prima volta nel contesto della guerra di Libia, affiancò e superò gli altri strumenti di comunicazione nella costruzione di una coscienza patriottica e laica attestando il cambiamento della comunicazione sociale che da quel momento in poi preferì il cinema come veicolo emozionale.

3.2 *Il piccolo garibaldino*: valori risorgimentali al cinematografo.

Nell'ottica delle produzioni cinematografiche mirate a costruire una morale patriottica basata sui valori risorgimentali della storia d'Italia e che abbiano come destinatari ideali i bambini, si colloca *Il piccolo garibaldino* realizzato per la Cines da Filoteo Alberini nel 1909[156].

Il mito di Garibaldi fu senza dubbio tra i più partecipati dalla popolazione italiana. Il fascino del combattente, coraggioso,

---

[155] E. TROIANELLI, *Elvira Notari. Pioniera del cinema napoletano (1875-1946)*, Roma, Euroma, 1989, pp. 114-115. Si fa riferimento in particolare ai film: *Guerra italo-turca tra scugnizzi napoletani* (1912) ed *Eroismo di un aviatore a Tripoli* (1912).
[156] M. MUSUMECI, S.TOFFETTI (a cura di), *Da La presa di Roma a Il piccolo garibaldino...*, pp., 33-39. Nel capitolo relativo al restauro della pellicola, curato da Irela Nuñez, oltre a notizie specifiche riguardo le fonti utilizzate per il restauro del film, si solleva il problema dell'attribuzione della regia. Il dubbio riguarda Mario Caserini che nel film interpreta il padre del ragazzo e quindi, data la sua attività di regista oltre che di attore alla Cines, potrebbe averne curato la messa in scena. D'altro canto la struttura narrativa del film echeggia quella de *La presa di Roma* di Alberini che però risulta aver chiuso i rapporti con la Cines già nel settembre 1908.

cosmopolita e poco incline al compromesso, fu oggetto di ammirazione e venerazione e risultò attraente in particolare per le generazioni più giovani. Già nel 1907 uscì sotto le insegne della Cines *Garibaldi*, «grande ricostruzione storica in 12 quadri»[157] realizzato da Mario Caserini in occasione del centenario della nascita dell'Eroe dei due mondi[158].
La sensibilità della Cines alle tematiche garibaldine si confermerà anche nel 1910 quando lo stesso Caserini girò *Anita Garibaldi*[159].

Il piccolo garibaldino, con ogni probabilità basato sull'omonimo volumetto dedicato ai ragazzi scritto dal capitano Giuliano Masè[160], uscì il 31 gennaio 1909 e riscosse un grande successo se si considera la sua permanenza nel catalogo Cines fino al 1911, dove sono riportate alcune notizie sui quadri principali:

> Garibaldi vuole dei volontari-"Parto con lui!"- La partenza dei volontari- Sogni di gloria del figlio del garibaldino- Il piccolo garibaldino si imbarca di nascosto per raggiungere Garibaldi- "Lasciatemi sono un soldato di Garibaldi"- Al campo dei volontari si incontra col padre- Sui campi della gloria il piccolo garibaldino ha il battesimo del fuoco- "Là, là! Morir vicino a lui"- "Mamma guarda, son morto da soldato".[161]

Da questa sintetica esposizione dei passi salienti della pellicola, già sono riscontrabili le intenzioni pedagogiche della produzione: si esaltano lo spirito volontaristico dei garibaldini, l'abnegazione al dovere, la devozione alla patria e alla bandiera, l'eroismo portato alle estreme conseguenze, fino al sacrificio in nome della nazione.
Tecnicamente il film è un cortometraggio tipico del cinema delle origini con una divisione parattattica in quadri: la scena è mostrata nella sua unità, dove le figure riprese per intero, agiscono simultaneamente nell'ambito dei piani d'insieme.
Nella prima scena, ambientata nel salone di famiglia, un ragazzino

---

[157] Si veda la rivista «L'Aurora», 15 luglio 1907, VIII, n. 5, p. 8. Il film viene pubblicizzato specificando tra l'altro la lunghezza (220 m.), il prezzo netto (£ 300 compreso il viraggio).
[158] M. MUSUMECI, S.TOFFETTI (a cura di), *Da La presa di Roma a Il piccolo garibaldino...*, p. 19.
[159] *Ibidem*.
[160] G. MASÈ, *Il piccolo garibaldino*, Roma, M. Carrà & C., 1910.
[161] A. BERNARDINI, V. MARTINELLI (con la collaborazione di), *Il cinema muto italiano. I film dei primi anni. 1905-1909*, Roma, Centro Sperimentale di Cinematografia-Nuova Eri, 1996, p. 367.

manifesta il suo desiderio di fuggire animato dalla lettura su un quotidiano dell'appello di Garibaldi. Gli adulti, borghesi ritratti in movenze esagitate, non gli permettono di espremersi, finchè non fa irruzione nel salone il padre del bambino, in divisa garibaldina, pronto a partire. In questa scena il ragazzo si pone tra due assi: sinistra e destra, maschile e femminile. A sinistra gli adulti non gli permettono di partecipare perchè lo considerano troppo piccolo; a destra la madre, che parla soltanto con la serva o con la piccola figlia e che non vuole che il marito partecipi alla spedizione. Il ragazzo si muove da un lato all'altro in maniera inquieta fino all'entrata del padre che, occupando il centro del quadro, assicura uno spazio al protagonista che, carico di ammirazione gli si colloca accanto.

La scena seguente mostra la partenza dei Mille, ed è girata in esterno. I simboli maschili della lotta, che si ripeteranno più volte nel corso del film, si uniscono ad immagini di libertà. Il prete benedice i fucili e gli uomini portano le bandiere. Vi è uno svolazzare costante delle stesse bandiere, delle ampie gonne delle donne e delle camicie rosse dei combattenti. Il protagonista abbraccia tutti questi elementi con una recitazione stilizzata e simbolica (sospiri, mano sul cuore).

Il quadro seguente mostra il ragazzo in casa intento a preparasi il fagotto, pronto a partire per soddisfare la sua ansia di raggiungere i Mille: mostra con enfasi tutti i simboli garibaldini (il berretto, la camicia rossa, la bandiera e la pistola). Poi scrive una lettere d'addio alla madre prima di addormentarsi. E' il momento del sogno: un'apertura con sovrimpressione resa con uno squarcio nella parete, mostra la rappresentazione della dimensione onirica, in cui si vede l'accampamento garibaldino. Risvegliatosi, il giovane è in stato confusionale e cerca nella parete gli elementi del suo sogno. Il meccanismo tecnico con cui è reso pare suggerire la metafora subliminale della breccia di Porta Pia: un'irruzione che preannuncia il cambiamento, come nella prima scena quando il padre giunge nel salotto. Subito dopo, superata la confusione, bacia la madre e la sorella che dormono e cerca di imbarcarsi. Al porto sale su un'imbarcazione e viene scoperto da alcuni marinai che dapprima sembrano intenzionati a farlo scendere, ma poi identificatolo come uno di loro (dopo aver visto il berretto, la camicia e la bandiera) lo sollevano e lo conducono al campo di battaglia. Nell'accampamento dei garibaldini, la protagonista della scena è la baionetta, simbolo della lotta corpo a corpo ottocentesca, che solo due anni dopo la guerra di Libia sostituirà con immagini di un conflitto all'insegna del progresso tecnologico. Riabbracciato il padre, avviene il suo "battesimo del fuoco" nel contesto di una scena concitata dove i morti sono in avanpiano e l'azione è sullo sfondo. Una guerra di posizione che culmina con l'apparizione di Garibaldi che lascia baciare la sua sciabola al piccolo eroe colpito mortalmente.

Il quadro finale, costruito con artifici scenici meliesiani, ancora una volta mostra la dimensione onirica in cui la personificazione dell'Italia giovane e bella (già proposta da Alberini nell'*Apoteosi* che chiudeva *La presa di Roma*) che tiene per mano il piccolo eroe, "comunica" l'importanza del suo sacrificio alla madre che compresa la grandezza del figlio, cessa di disperarsi. Finita la visione, il cerchio si chiude: sono state unite famiglia, culto laico e patria.

Queste sono le virtù che la politica italiana cercava di infondere nelle nuove generazioni. L'ardore patriottico doveva essere presentato come interclassista, un elemento unitario capace di evitare ogni conflitto sociale in nome della Patria.

3.3 *La guerra e il sogno di Momi*: rassicurazioni dalle trincee.

Quando nel 1917 Giovanni Pastrone[162] realizzò per la sua casa di

---

[162] P. CHERCHI USAI, *Giovanni Pastrone. Gli anni d'oro del cinema a Torino*, Torino, Utet, 1986.
Giovanni Pastrone (Montechiaro D'Asti 13 settembre 1882-Torino 27 giugno 1959) diplomato

produzione (la torinese Itala Film) *La guerra e il sogno di Momi*, l'Italia stava ancora vivendo la difficile e dolorosa parentesi della Prima Guerra Mondiale. Il cineasta aveva già avviato nel 1913 nell'ambito della realizzazione di *Cabiria* la collaborazione con il tecnico cinematografico Segundo de Chomón[163], il quale si era distinto per l'ideazione di tecniche innovative come quella dell'"arresto di manovella", trucco cinematografico alla base del cinema di animazione che in *La guerra e il sogno di Momi* fu utilizzata per realizzare visivamente il fantasioso sogno del protagonista.

Tra gli interpreti Valentina Frascaroli ed Alberto Nepoti, che avevano già lavorato con Pastrone per *Tigre reale*, ebbero rispettivamente il ruolo della madre e del padre del giovane Momi, interpretato da Guido Petrungaro.

Il mediometraggio, della lunghezza originale di 833 m., era concepito come una produzione di propaganda per le famiglie dei soldati al fronte. La guerra rappresentata è però diversa da quella ottocentesca de *Il piccolo garibaldino*: oltre alla comparsa nella prima didascalia del termine «trincee», sono rappresentati elementi della modernità bellica, tra cui il telefono come mezzo di comunicazione tra i soldati impegnati in guerra.

Il film è diviso in due parti: nella prima è rappresentata un'azione eroica dei militi italiani sulle alpi innevate; nella seconda è rappresentato il sogno del piccolo Momi in cui i suoi soldatini prendono vita e combattono la loro particolarissima guerra. Momi si pone come elemento di congiunzione tra le due parti del film, oltre che come mediatore delle immagini di una guerra il cui esito incerto stava affliggendo la popolazione italiana.

L'apertura iniziale ad iride crea immediatamente uno *zoom* su un elemento dell'inquadratura: il ragazzino che con i suoi giocattoli (due pupazzi e un piccolo cannone) già introduce il tema bellico. Il

---

in ragioneria ed al conservatorio in violino, nel 1908 rileva la casa di produzione torinese Carlo Rossi e C.e fonda la Itala Film. (Cfr. A. BERNARDINI, *Cinema muto italiano: Industria e organizzazione dello spettacolo 1905-1909...*, p. 107.) Il primo film realizzato fu *La caduta di Troia* (600 m.). Nel 1912 comincia a sviluppare l'idea del kolossal dannunziano *Cabiria*. Nel 1915 realizzò *Il fuoco* e nel 1916 *Tigre reale*, pellicole interpretate dalla diva Pina Menichelli.

[163] Segundo de Chomón (Teruel 17 ottobre 1871-Parigi 2 maggio 1929) fu tecnico al servizio di Ferdinand Zecca tra il 1902 ed il 1905. A lui (oltre che al fondatore della Vitagraph Stuart Blackton e a George Méliès) si deve la paternità del procedimento "immagine per immagine" o "arresto di manovella".

protagonista guarda in macchina (licenziandosi dall'obbedire alla regola che proibiva lo sguardo verso l'obbiettivo), prima che compaia la didascalia che introduce l'angoscia per la sorte del padre impegnato in trincea. Successivamente, quando compare nel salotto borghese (ancora ottocentesco) il nonno afflitto dal mancato arrivo di notizie dal fronte, vi è un primo movimento di macchina: con un raccordo sull'asse, la macchina da presa si avvicina ai quattro personaggi in scena. Il quadro familiare proposto simboleggia l'armonia minata dalla guerra che il momento di rottura costituito dal sogno condurrà verso la ricomposizione finale. Quando finalmente arriva una missiva dell'«assente adorato», parte il racconto parallelo dal punto di vista del soldato: oltre a rassicurare la famiglia sul suo stato di salute, il padre impegnato in guerra racconta un episodio in cui si porta in evidenza il valore dei militari.

La trincea, rappresentata nel dettaglio, è il "teatro" di questo conflitto "nuovo". Il racconto nel racconto comincia con l'atto di compassione del padre di Momi che offre del cibo ad un bimbo vittima dei dolori della guerra. Successivamente il bambino fa ritorno a casa attraverso i campi innevati, raggiungendo la madre in quello spazio domestico (reso attraverso l'iconografia dell'Italia contadina dell'epoca) che si trasformerà in spazio di guerra. L'incombere dei soldati nella casa è preannunciato dalla soggettiva del piccolo che guarda attraverso la serratura della porta, espediente che sarà ripetuto poco dopo quando con un'altra soggettiva in verticale, il bambino vedrà (attraverso le travi del pavimento della soffitta in cui è nascosto) consumarsi la violenza dell'irruzione. In questo frangente è evidente la volontà dei due registi di presentare l'esercito nemico attraverso la mediazione degli occhi del bambino carichi di orrore. Il piccolo Berto fugge dalla casa e corre ad avvisare i soldati in trincea che valorosamente (la didascalia recita: «come per virtù di magia») riusciranno a salvare madre e figlio dalla casa in fiamme. La concitazione della scena è rafforzata dallo stacco del racconto con il rimando al salotto di Momi, dove il tangibile *pathos* derivato dalla lettura della lettera culminerà con il bacio del giovane protagonista alla missiva, come a significare un ideale congiunzione con l'eroico padre per il quale non si può non provare ammirazione. Con il pensiero rivolto agli scenari bellici,

Momi gioca alla guerra con i suoi fantocci Trik e Trak che simbolicamente rappresentano il bene ed il male nella fanciullesca semplificazione del conflitto armato. Giocando si addormenta dando inizio alla parte del film che passa alla dimensione fantastica. Le magistrali competenze di Segundo de Chomón fanno in modo che i due pupazzi si animino, iniziando a combattere tra loro. Dapprima Trik pare soccombere, ma data la sua natura «fatata ed immortale» dovuta al fatto di essere il portatore dei valori positivi, riesce a rivalersi su Trak: si libera dalla gabbia/scarpa smembrandosi per poi ricomporsi. Subito dopo lo scontro tra bene e male diventa inevitabile ed i due fantocci si pongono a capo di due eserciti venuti fuori da un libro che Chomón rende scenografia del conflitto animato. La mediazione del racconto fantastico, che talvolta assume connotati ironici, infrange perfino il tabù dei «vapori asfissianti» (i soldatini animati indossano maschere anti-gas) dei quali non si poteva parlare per evitare il diffondersi del panico tra la popolazione italiana sempre più preoccupata su quanto si stava consumando sul fronte. La battaglia animata si conclude con il risveglio di Momi che si ritrova con i suoi fantocci addosso, come se gli elementi di quella "non-realtà" si fossero davvero svolti in una osmosi tra il sogno e il reale.

L'apporto delle competenze di Segundo de Chomón non si esaurisce alla realizzazione dell'animazione con la tecnica dell'"arresto di manovella": la colorazione per viraggio con la contrapposizione simbolica tra esterni ed interni[164], la resa spettacolare delle esplosioni e delle emissioni di gas, rendono la pellicola un condensato di tecnica cinematografica straordinario. Rispetto alle pellicole precedenti, il metraggio si è allungato e la macchina da presa si muove con continuità: la rappresentazione della guerra, a metà tra tradizione (la baionetta è sempre presente) e novità è evidentemente presentata come un confortante abbraccio per immagini a tutto il popolo italiano, sfinito dalla guerra.

---

[164] S. BERNARDI (a cura di), *Svolte tecnologiche nel cinema italiano: sonoro e colore, un afelice relazione tra tecnica ed estetica*, Roma, Carocci, 2006, p. 141

3.4 *Umanità*: la ricostruzione possibile con il lavoro.

La figura della regista, sceneggiatrice e produttrice del film *Umanità*[165] (1919) è pienamente ascrivibile alla storia ectoplasmatica delle pioniere del cinema italiano, delle quali è possibile tracciare una mappatura (seppur scarna) del percorso artistico, unicamente grazie agli sforzi profusi per il progetto di ricerca internazionale *Women Film Pioneers* coordinato dalla ricercatrice americana Jane Gaines e da Monica Dall'Asta per l'Italia[166].
Elvira Giallanella è forse la più sconosciuta fra tutte le pioniere del cinema italiano. Le poche e frammentarie notizie su di lei provengono esclusivamente da fonti pubblicistiche d'epoca, dalle quali è possibile ricostruire solo in parte il suo percorso professionale tutt'ora avvolto dal mistero[167]. Alla fine del 1919 Elvira Giallanella fondò a Milano la Liana Films[168], con l'intento di realizzare film per bambini in cui i bambini stessi fossero protagonisti. La pioniera fu probabilmente responsabile per le vendite presso la Vera Film di Roma prima di trasferirsi a Milano per mettersi in proprio, con il progetto di realizzare un film tratto dal racconto di Vittorio Emanuele Bravetta edito nel 1915 con il titolo di *Tranquillino dopo la guerra vuol creare il mondo...nuovo* con le illustrazioni di Golia[169].

---

[165] I. NUÑEZ, F. FARINA (con la collacorazione di), *Film salvati e da salvare alla Cineteca Nazionale*, in M. DALL'ASTA (a cura di), *Non solo dive...*, p.181. Negli archivi della Cineteca è conservata dal 1957 una copia nitrato d'epoca composta di tre rulli in scatole da 300 metri. Questo unico reperto è stato duplicato analogicamente presso il laboratori L'Immagine Ritrovata di Bologna. La lunghezza attuale è di 800 metri.
[166] M. DALL'ASTA, *L'altra metà del cinema muto italiano*, in M. DALL'ASTA (a cura di), *Non solo dive...* p. 16.
[167] M. VERONESI, *Una donna vuol "rifare il mondo". Umanità di Elvira Giallanella*, in M. DALL'ASTA (a cura di), *Non solo dive...*, p. 163.
[168] L'annuncio della fondazione della Liana Film appare per la prima volta nella rivista «Film», n. 30, 30 settembre 1919, p. 21.
[169] M. VERONESI, *Una donna vuol "rifare il mondo". Umanità di Elvira Giallanella*, in M. DALL'ASTA (a cura di), *Non solo dive...*, pp. 162-163. Vittorio Emanuele Bravetta fu un poeta e scrittore di romanzi storici e popolari, ma lavorò anche come soggettista per il cinema, essendo anche a capo dell'ufficio soggetti dell'Ambrosio. La sua produzione aveva già toccato il contesto infantile e la guerra con il testo del 1914 *Pentolino e la grande guerra*. Più tardi

La rivista «Film» fornisce altre due notizie circa l'attività di Giallanella: nel numero 37 del 29 novembre 1919 si annuncia l'uscita di *Tranquillino*, ma si accenna anche ad un secondo film, *Tomba nuziale*, a proposito del quale si citano spettacolari scenografie, oltre a sottolineare l'interesse della produttrice per le questioni educative:

> Elvira Giallanella s'è interessata vivamente a tutti i problemi di psicologia infantile, e s'è convinta che è una necessità pedagogica offrire a questi uno spettacolo cinematografico che non può essere quello per adulti e che dei bambini aiuti a formare il carattere e lo spirito pur divertendolli con episodi che essi possano intendere e che prediligano.[170]

La vicenda produttiva di *Umanità* è complessa e misteriosa almeno quanto la vita della regista. Come rileva Micaela Veronesi, la realizzazione del film dapprima preannunciata sulle riviste (sempre con il titolo *Tranquillino dopo la guerra vuol fare il mondo...nuovo*) scompare per un breve periodo dalle pagine delle pubblicazioni di settore, a favore di produzioni tratte dall'identico soggetto, ma non ascrivibili alla Liana Films. L'ipotesi formulata dalla ricercatrice è che Giallanella non sia riuscita a vendere il suo lavoro con l'aiuto del produttore Pasquale Principe, proprietario della Mercurio Film e dell'etichetta F.U.S.E. (ovvero Films Umoristiche Satirico Educative)[171]. Nella dinamica della produzione del film va tenuto presente l'alto numero di case di produzione e noleggio che in quegli anni appaiono e spariscono nell'arco di brevissimi periodi. E' probabile che Elvira Giallanella non mirasse tanto al successo commerciale, ma inseguisse piuttosto il sogno di realizzare un progetto in cui credeva fortemente, avventurandosi nella nuova attività produttiva milanese che non portò all'uscita del film. Rientrata a Roma (ciò spiegherebbe la presenza dal maggio del 1957 della copia del film

---

aderirà al fascismo, pur mantenendo la sua posizione riguardo l'importanza del non coinvolgimento dei bambini nelle atrocità della guerra. L'illustratore Golia, amico di Guido Gozzano, fondò nel 1914 il settimanale satirico «Numero», collaborando con le principali testate umoristiche dell'epoca.
[170] Ivi, cit., p. 164.
[171] Ivi, p. 165.

conservata presso la Cineteca Nazionale di Roma con il marchio "Liana Films-Roma")[172] probabilmente riuscì a produrre il suo *Umanità* che esattamente come la sua autrice è un enigma ancora tutto da risolvere.

La portata rivoluzionaria di *Umanità* è nella peculiarità che lo differenzia dal racconto di Bravetta che, pur rimanendo l'unica fonte di ispirazione (le didascalie sono i versi del poemetto), non possiede alcuni passaggi essenziali in cui si individuano le istanze stilistico-narrative della regista. Al contrario le illustrazioni di Golia risultano fondamentali come bagaglio iconografico dal quale mutuare le visioni allucinate degli scenari bellici che Giallanella traduce in una essenziale potenza visiva.

Il film si apre con una didascalia che esplicita il "genere" della pellicola: «umoristico-satirico-educativo». La consueta iride si apre sull'altrettanto consueto interno borghese nel quale due fratellini, Tranquillino e Sirenetta, si alzano durante la notte e rispettivamente rubano l'uno le sigarette del padre e l'altra le conserve di marmellata. Se in Bravetta la piccola protagonista è dipinta come una novella Eva che ripete il peccato originale, nel film è Tranquillino a vivere da protagonista la traumaticità dell'intreccio narrativo. Dal fumo della sigaretta e dalla lettura del giornale, parte il sogno del protagonista che si muove dalla terribile domanda «E se tutti morissero?». Il sogno comincia con una sequenza che mescola immagini documentarie di dubbia provenienza e sequenze dal vero riprese nel Carso, prima di concludersi con la ripresa di una massa di uomini radunati per un comizio di cui Tranquillino (tramite una sovrimpressione) immagina di essere il *leader*. Il racconto onirico conduce i protagonisti nell'apocalittico scenario di un mondo devastato dalla guerra e disabitato. E' evidente la differenza rispetto alle sequenze del sogno di *La guerra e il sogno di Momi* dove la guerra è un gioco, più che l'orribile causa di uno scenario agghiacciante. Il mediatore fiabesco che attua la commistione tra sogno e realtà, è un folletto che si anima e guida i due protagonisti attraverso il «teatro della guerra» sul cui palcoscenico campeggia lo scheletro di un soldato avvolto nel

---

[172] *Ibidem*.

tricolore, un emblema dei tanti militi ignoti caduti durante la Prima Guerra Mondiale. Successivamente Tranquillino e Sirenetta passeggiano tra i residuati bellici rinvenendo ovunque tracce di morte (stivali vuoti in parata) che restituiscono un'immagine surreale inventata dall'autore del libro, ma intensificata da Giallanella nel suo messaggio politico di carneficina di una massa anonima e spersonalizzata. Di fronte a tanta devastazione, dopo aver giocato a far la guerra tra i ruderi di una chiesa Tranquillino, come Noè, si assume l'onere di ricostruire il mondo, ma tutti i suoi tentativi falliscono poichè anche in lui, è insita la natura distruttiva e crudele dell'umanità (come quando non esita a bombardare un gruppo di animali che ha osato criticare gli uomini). Va notato come la responsabilità sia del tutto deputata al personaggio maschile mentre quello femminile è destinato addirittura ad eclissarsi. Infine, dopo innumerevoli tentativi falliti l'unica possibilità di salvezza pare essere Dio, rappresentato secondo l'iconografia ottocentesca (lunga barba bianca) che non fa altro che prendere tra le sue braccia il protagonista. Se qui si ferma il racconto di Bravetta, Giallanella va oltre il finale nero e mostra l'unica possibile via d'uscita dagli orrori della guerra: le fabbriche, gli operai a lavoro diventano il simbolo della ricostruzione. Il lavoro si pone (secondo le ideologie socialiste e cattoliche che in Giallanella finiscono per fondersi) come parola d'ordine per una comunità nuova che sia capace di prendere in mano il proprio futuro, partendo dalla guerra che oltre alle conseguenze tragiche aveva condotto ad un ribaltamento dei ruoli sociali, quando le donne sostituirono gli uomini impegnati al fronte sia nei campi che nelle fabbriche. Per altro il mondo capovolto, proposto anche nel film (bambini che fumano o arringano una folla), fu un tema tipico del Futurismo che almeno indirettamente aveva sfiorato l'attività della cineasta quando collaborò con Aldo e Renato Molinari (realizzatori di *Mondo baldoria*, ispirato al manifesto *Il controdolore* di Palazzeschi, poi sconfessato da Marinetti) alla Vera Film[173].

Nel finale si esplicita la natura pedagogica degli intenti registici a conferma della sensibilità femminile ai valori della pace e all'educazione dell'infanzia, che non vanno interpretati come una

---

[173] Ivi, p. 170.

confusione tra socialismo e cattolicesimo, piuttosto vanno intese come il pensiero maturato da una donna che dal punto di vista privilegiato di chi vive ai margini della vita politica e sociale sa scegliere cosa prendere da ogni ideologia, fuggendo dai dogmi e all'omologazione tipica della politica maschile.

APPENDICE FOTOGRAFICA

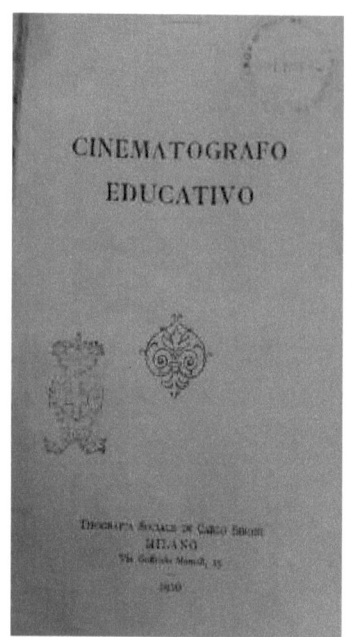

1.   **2.**

1-2 Frontespizio e prefazione di *Cinematografo educativo* (Sironi, Milano, 1916), il pionieristico testo che la pedagoga Angelina Buracci dedica al cinema, mostrando competenze ampie e dirette rispetto alle sale, ai film e al coevo dibattito teorico e critico.

3. Manifesto pubblicitario de *La presa di Roma* (Alberini, 191 1905).

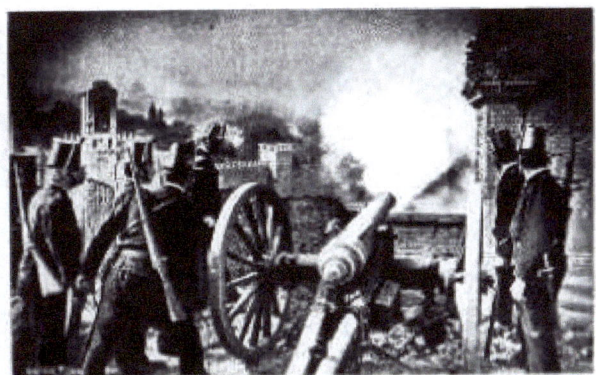

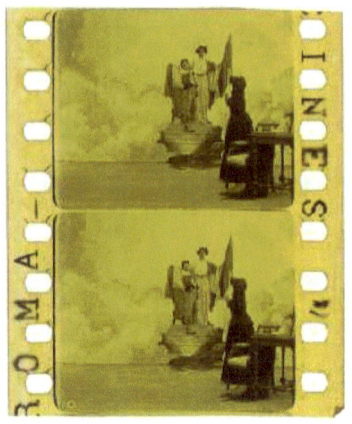 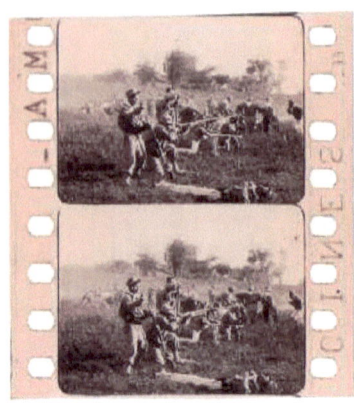

4. Fotogrammi estratti da
Il piccolo garibaldino
(Alberini, 1909) che
mostrano il
mostrano la scena finale
in cui vengono idealmente
guerra
unite famiglia, culto laico
e patria.
in

5. Fotogrammi estratti da
Il piccolo garibaldino
(Alberini 1909) che

campo di battaglia secondo una
rappresentazione della

ancora ottocentesca con le
baionette e lo scontro fisico
rilievo.

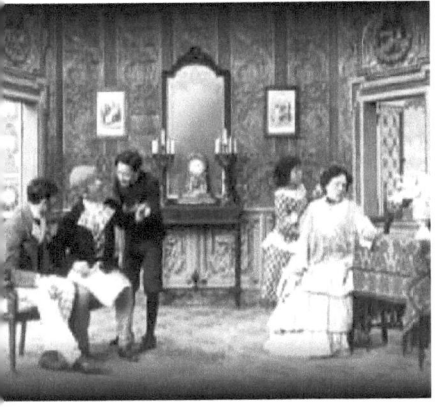 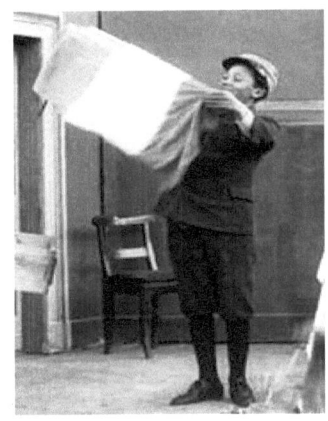

6.
Il salotto borghese de *Il piccolo garibaldino* (Alberini, 1909) in cui si nota la divisione spaziale tra uomini e donne.

7.
Il protagonista de *Il piccolo garibaldino* (Alberini, 1909) che mostra orgoglioso il tricolore.)

8. Fotogramma estratto da *Il piccolo garibaldino* (Alberini, 1909) in cui lo squarcio nella parete mostra Garibaldi nel sogno del protagonista.

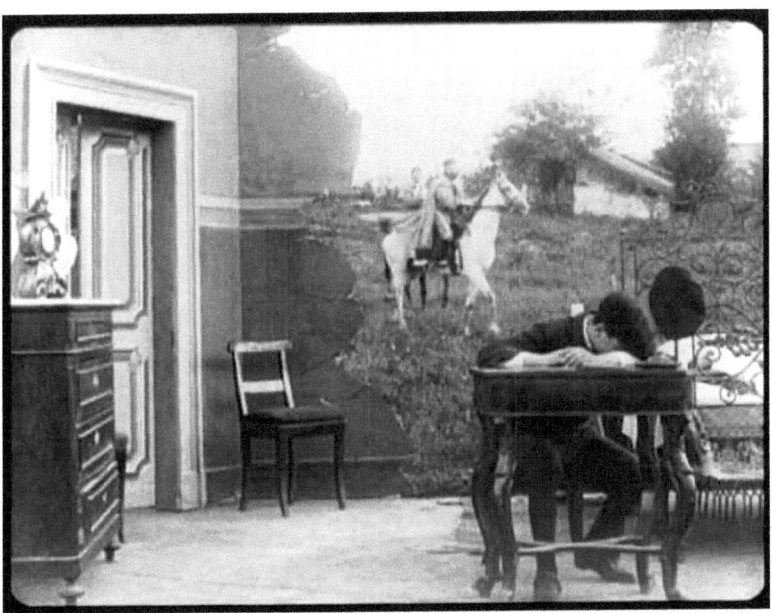

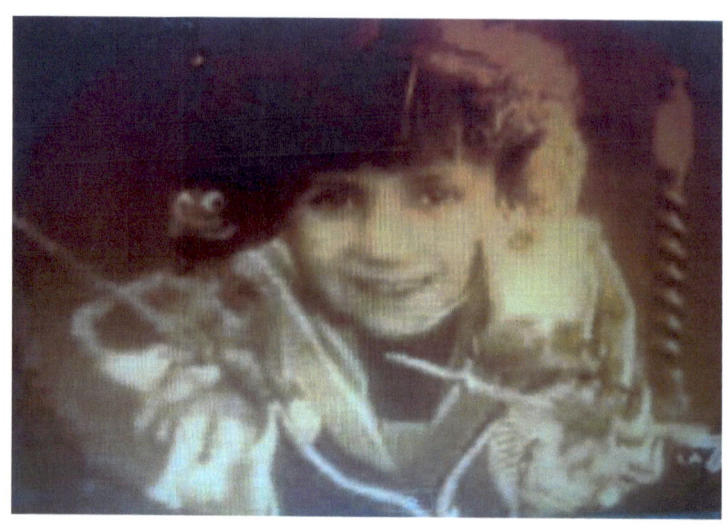

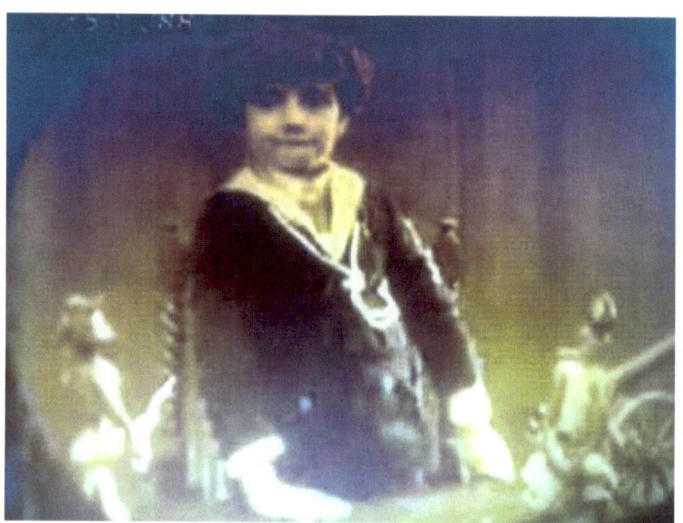

9-10 Il protagonista de *La guerra e il sogno di Momi* (Pastrone, Chomòn, 1917) con i suoi fantocci Trik e Trak.

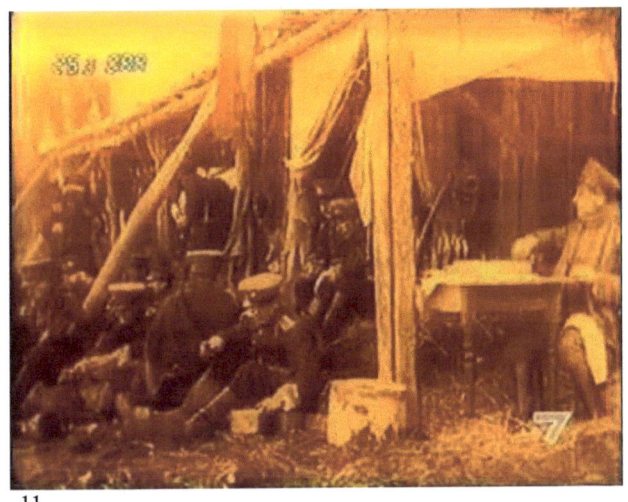

11. Fotogramma de *La guerra e il sogno di Momi* (Pastrone, 1917) in cui viene mostrata la trincea.

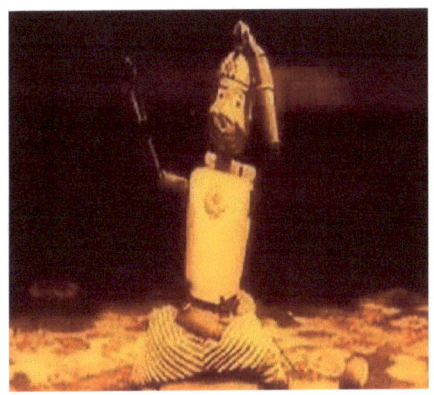

12. Il fantoccio "buono" Trik de *La guerra e il sogno di Momi* (Pastrone, 1917).

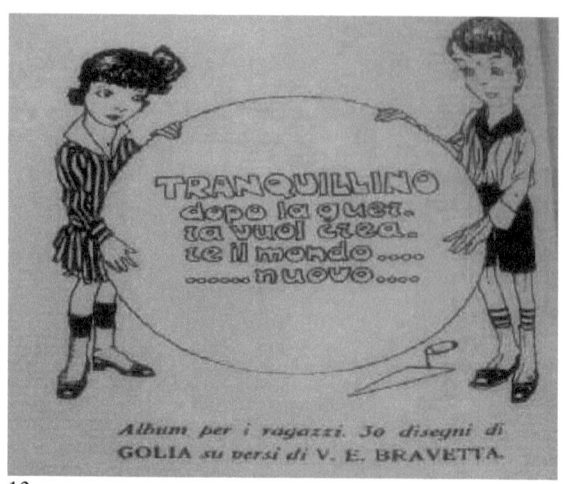

13

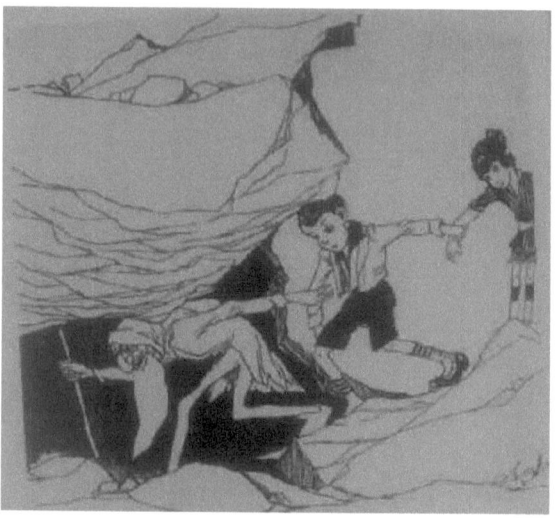

14

13-14 Tavole illustrate da Golia tratte dal volume *Tranquillino dopo la guerra vuol creare il mondo...nuovo*, di Vittorio Emanuele Bravetta (1915).

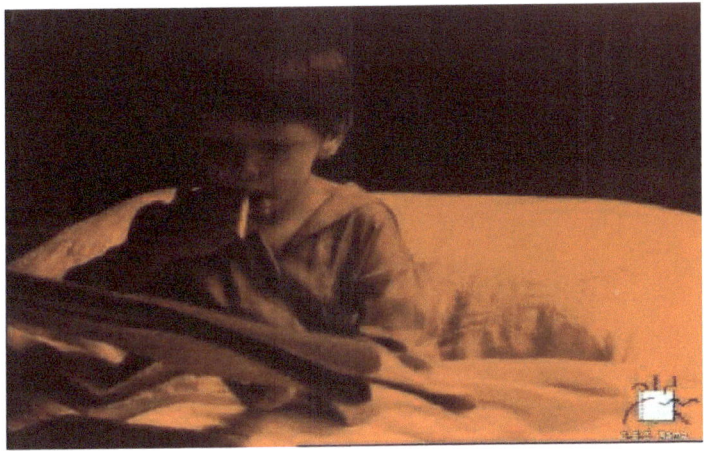

15. Fotogramma estratto da *Umanità* (Elvira Giallanella, 1919), in cui il protagonista Tranquillino legge un giornale e fuma atteggiandosi come un adulto.

16. Fotogramma estratto da *Umanità* (Elvira Giallanella, 1919), in cui durante la lunga sequenza del sogno i due bambini protagonisti vengono condotti da uno gnomo al «teatro della guerra».

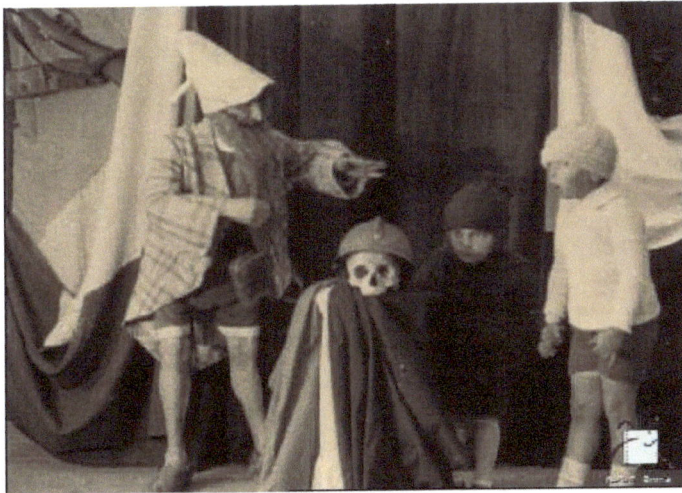

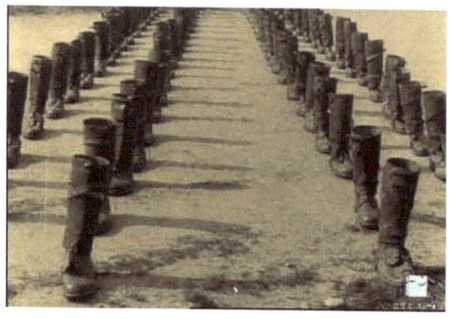

17. Fotogramma tratto da *Umanità* (Elvira Giallanella, 1919) in cui è mostrato il suggestivo simbolo dello sterminio di soldati in guerra.

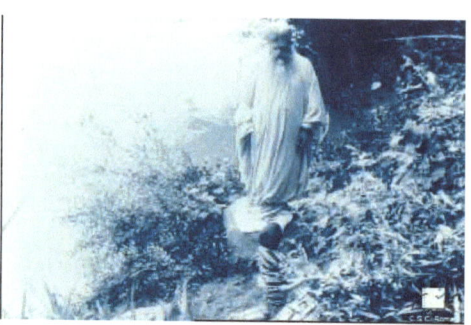

18. Fotogramma tratto da *Umanità* (Elvira Giallanella, 1919) in cui vi è la rappresentazione ottocentesca di Dio.

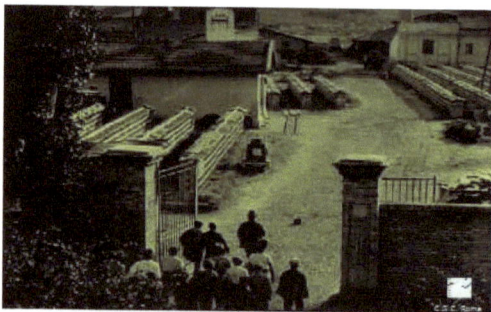

19. Fotogramma tratto da *Umanità* (Elvira Giallanella, 1919), in cui viene mostrato l'ingresso in fabbrica degli operai, simbolo di una possibile ricostruzione.

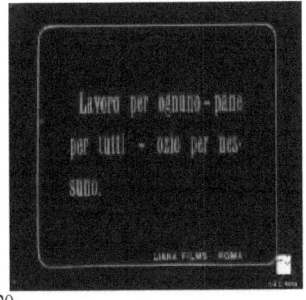

20

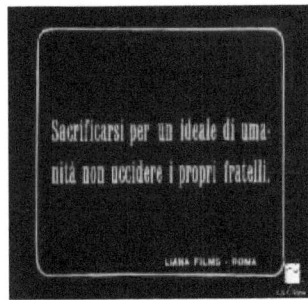

21

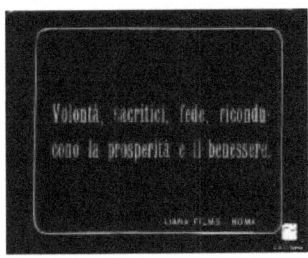

22

20-21-22 :
Tre didascalie conclusive di *Umanità* (Elvira Giallanella, 1919)
in cui si esplicitano le convinzioni a metà tra socialismo e fede
cristiana della regista nella sua idea di ricostruzione dopo le nefandezze
della guerra.

Bibliografia

1) Studi generali

AA. VV., *Gli attori*, Roma, Gremese editore, 2002.

SANDRO BERNARDI, *Introduzione alla retorica del cinema*, Firenze, Le Lettere, 1994.

SANDRO BERNARDI (a cura di) *Svolte tecnologiche nel cinema italiano: sonoro e colore, un afelice relazione tra tecnica ed estetica*, Roma, Carocci, 2006.

ALDO BERNARDINI, *Cinema muto italiano*. (Opera in tre tomi che coprono rispettivamente gli anni 1896-1904, 1905-1909, 1910-1914)., Roma-Bari, Laterza, 1980.

ALDO BERNARDINI, VITTORIO MARTINELLI (con la collaborazione di), *Il cinema muto italiano. I film dei primi anni. 1905*-1909, Roma, Centro Sperimentale di Cinematografia-Nuova Eri, 1996.

WALTER BENJAMIN, *L'opera d'arte nell'epoca della sua riproducibilità tecnica* (1936), Torino, Enauidi, 1966.

ALBERTO BOSCHI, *Teorie del cinema. Il periodo classico 1905-1945*, Roma, Carocci editore, 1990.

GIAN PIERO BRUNETTA, *Il cinema muto italiano. Da* La presa di Roma *a* Sole *1905-1929*, Laterza, Roma-Bari, 2008.

GIAN PIERO BRUNETTA, *Buio in sala: cent'anni di passioni dello spettatore cinematografico*, Venezia, Marsilio, 1989.

GIAN PIERO BRUNETTA, *Il viaggio dell'icononauta. Dalla camera oscura di Leonardo alla luce dei Lumière*, Venezia, Marsilio, 2009.

GIULIANA BRUNO, MARIA NADOTTI, *Immagini allo schermo. La spettatrice e il cinema*, Torino, Rosenberg e Sellier, 1991.

ANGELINA BURACCI, *Il cinematografo educativo*, Tipografia Sociale Carlo Sironi, Milano, 1916.

ANGELINA BURACCI, *Il pensiero educativo di Caterina Francesca Ferrucci e la moderna cultura femminile*, Menaggio, Baragiola, 1913.

NÖEL BURCH, *Il lucernario dell'infinito. Nascita del linguaggio cinematografico*, Milano, Il Castoro, 2001.

MICHELE CANOSA (a cura di), *1905. La presa di Roma. Alle origini del cinema italiano*, Genova, Le Mani, 2006.

FRANCESCO CASETTI, ELENA MOSCONI (a cura di), *Spettatori italiani. Riti e ambienti del consumo cinematografico (1900-1950)*, Roma, Carocci, 2006.

LUCIANO CECCONI, *I bambini nel cinema. Le rappresentazioni dell'infanzia nella storia del cinema*, Milano, Franco Angeli, 2006.

GISELLA CHIELLINI, *L'azione educativa del cinematografo nella Scuola elementare*, Firenze, Stabilimento Tipografico San Giuseppe, 1915.

SERGEJ MICHAJLOVIČ ĖJEZENŠTEJN (a cura di Pietro Montani), *Il montaggio*, Venezia, Marsilio, 1986.

SERGEJ MICHAJLOVIČ ĖJEZENŠTEJN (a cura di Pietro Montani), *Teoria generale del montaggio*, Venezia, Marsilio, 1985.

EMILIA SANTAMARIA FORMIGGINI, *La psicologia del fanciullo normale e anormale con speciale riguardo alla educazione*, Modena, Formiggini, 1910.

ANDRÉ GAUDREAULT, *Cinema delle origini o della cinematografia attrazione*, Milano, Il Castoro, 2004.

EUGENIO GIOVANNETTI, *Il cinema e le arti meccaniche*, Palermo, Sandron, 1930.

GIOVANNA GRIGNAFFINI, *Sapere e teorie del cinema. Il periodo del muto*, Bologna, Editrice Clueb Bologna, 1989.

GUSTAV LE BON, *Psicologa delle folle*, Milano, Mondadori, 1980.

MARC LECLERC, *Il destino umano nella luce di Blondel*, Assisi, Edizioni Cittadella (collana Orizzonti Nuovi), 2000.

PIERLUIGI MALAVASI, SIMONETTA POLENGHI, PIER CESARE RIVOLTELLA (a cura di), *Cinema, pratiche formative, educazione*, Milano, Vita e Pensiero, 2005.

MICHEL MARIE, *Il cinema muto. Un linguaggio universale* (trad. di Elga Mugellini), Torino, Lindau, 2008.

GIULIANO MASÈ, *Il piccolo garibaldino*, Roma, M. Carrà & C., 1910.

CHRISTIAN METZ, *Cinema e psicanalisi*, Venezia, Marsilio Editori, 2002.

EDGAR MORIN, *Il cinema o l'uomo immaginario*, Milano, Feltrinelli, 1982.

MARIO MUSUMECI, SERGIO TOFFETTI (a cura di), *Da La presa di Roma a Il piccolo garibaldino. Risorgimento, massoneria e istituzioni: l'immagine della Nazione nel cinema muto (1905-1909)*, Roma, Gangemi Editore, 2007.

ROGER ODIN, *Della finzione*, Milano, Vita e Pensiero, 2004.

MARIA ADRIANA PROLO, *Storia del cinema muto italiano*, Milano, Poligono, 1951.

PIER SORLIN, *Sociologia del cinema*, Milano, Garzanti, 1979.

ENZA TROIANELLI, *Elvira Notari. Pioniera del cinema napoletano (1875-1946)*, Roma, Euroma, 1989.

JOSETTE UEBERSCHLAG, *Jean Brerault, l'instituteur cinèaste: 1898-1973*, Saint-Etienne, Pubblicazioni dell'università di Saint-Etienne, 2007.

PAOLO CHERCHI USAI, *Giovanni Pastrone. Gli anni d'oro del cinema a Torino*, Torino, Utet, 1986.

PAOLA VALENTINI, *Presenze Sonore. Il passaggio al sonoro in Italia tra cinema e radio*,Firenze, Le Lettere, 2007.

ANNA GENTILE VERTUA, *Cinematografo. Commedie in 2 atti per fanciulle*, Torino Paravia, 1898.

2) Saggi e articoli su riviste

SILVIO ALOVISIO, *La spettatrice muta. Il pubblico cinematografico femminile nell'Italia del primo Novecento*, in MONICA DALL'ASTA (a cura di), *Non solo dive. Pioniere del cinema italiano*, Atti del convegno internazionale (14-16 dicembre 2007), Bologna, Cineteca di Bologna, 2008, pp. 269-288.

A. BOSSI, *Cinematografia didattica* in «La Cinematografia Italiana», 1 gennaio, 1909, a. II, 29-30, p. 4.

ANTON GIULIO BRAGAGLIA, *L'opera deleteria del cinematografo sulla morale delle folle e il mondo cinematografico intimo*, in «Cronache d'attualità», n. 2, 31 maggio 1916, p. 9.

RICCIOTTO CANUDO, *Trionfo del cinematografo*, in «Nuovo Giornale», 25 dicembre 1908, p. 3.

ALFREDO CENTOFANTI, *La guerra*, in «L'illustrazione Cinematografica», I (1912), n. 4, pp. 189-192.

JEAN CHÂTEAUVERT, ANDRÈ GAUDREAULT, *I rumori degli spettatori o lo spettatore come audiuvante dello spettacolo*, in AUGUSTO SAINATI e MARIAGRAZIA FANCHI (a cura di) , *Al cinema. Spettatore, spettatori e pubblico*, in «Comunicazioni Sociali», XXIII (2001), n. 2, pp. 144-151.

CORRADO D'ERRICO, *La donna di ieri*, in «Il Mondo a lo Schermo», I, 10, 18 luglio 1926, pp. 9-10.

MONICA DALL'ASTA, *L'altra metà del cinema muto italiano*, in MONICA DALL'ASTA (a cura di), *Non solo dive. Pioniere del cinema italiano*, Atti del convegno internazionale (14-16 dicembre 2007), Bologna, Cineteca di Bologna, 2008, pp. 9-19.

RAFFAELE DE BERTI, *Il Pinocchio cinematografico di Giulio Antamoro*, in ISABELLA PEZZINI, PAOLO FABBRI (a cura di), *Le avventure di Pinocchio: tra un linguaggio e l'altro*, Roma, Meltemi, 2002, pp. 157-173.

CARLO MARIANI DELL'ANGUILLARA, *Avventura cinematografica*, in «Lo Schermo», I, 1, 23 agosto 1926, pp. 11-12.

VALERIA FESTINESE, *Immagini dalla Libia (1911-1912)*, in «Bianco e Nero», LXII, n. 571, 2011, pp. 53-55.

VITTORIO GALLESE, *The Two Sides of Mimesis. Girard's Mimetic Theory, Enbodied Simulation and Social Identification*, in «Journal of

Consciousness Studies», 16, 4, 2009, pp. 21-44.

ANTONELLO GERBI, *Invito alle delizie del cinematografo*, in «Il Convegno», VII, 11-12, 25 novembre-25 dicembre 1926, pp. 836-848.

DAVIDE GHERARDI, GIOVANNI LASI, *L'Inferno: Grandioso Film d'Arte della Milano Films*, in «Cinematografie», XIX, n. 20, pp. 313-330.

GUIDO GOZZANO, *Il nastro di celluloide e i serpi di Laocoonte*, in «La Donna», XII, 273, 5 maggio 1916, pp. 10- 11.

LUCA MAZZEI, *Angelina Buracci cinepedagoga*, in «Bianco e Nero», LXXII, N. 570, 2011, pp.93-101.

LUCA MAZZEI, *Al cinematografo da sole. Il cinematografo descritto dalle donne fra 1898 e 1916*, in MONICA DALL'ASTA (a cura di), *Non solo dive. Pioniere del cinema italiano, Atti del convegno internazionale* (14-16 dicembre 2007), Bologna, Cineteca di Bologna, 2008, pp. 257-268.

LUCA MAZZEI, *La celluloide ed il museo. Un esperimento di "cineteca" militare all'ombra della prima Guerra di Libia (1911-1912)*, in «Bianco e Nero», LXXII, N. 571, 2011, pp. 67-85.

LAURA MULVEY, *Piacere visivo e cinema narrativo*, in «Nuova DWF», n. 8, 1978.

ADA NEGRI, *Cinematografo*, in «Corriere della Sera», 27 novembre 1928, p. 3.

IRELA NUÑEZ, FRANCA FARINA (con la collacorazione di), *Film salvati e da salvare alla Cineteca Nazionale*, in MONICA DALL'ASTA (a cura di), *Non solo dive. Pioniere del cinema italiano, Atti del convegno internazionale* (14-16 dicembre 2007), Bologna, Cineteca di Bologna, 2008, pp.173-191

GIOVANNI PAPINI, *La filosofia del cinematografo*, in «La Stampa», 18 maggio 1907, p. 1.

CESARE PREVITALI, *I gusti del pubblico*, in «La vita cinematografica», III (1912), n. 3, p. 7.

SERGIO RAFFAELLI, *Sul primo scaffale del cinema italiano. Testi d'argomento educativo (1909-1916)*, in «Immagine», XX, primavera 1992, pp. 6- 9.

SERGIO RAFFAELLI (a cura di), *Un pioniere, Gualtiero Fabbri, Al cinematografo*, in "Quaderni di «Immagine»", n. 1, Roma, AIRSC, 1993, pp. 5-69.

SERGIO RAFFAELLI, *Pellicole censurate per rispetto della Triplice Alleanza*, in «Storia e problemi contemporanei», XII, 23 giugno 1999, [numero monografico *E la storia va...Cinema e storia*, Bologna, Clueb, 1999], pp. 53-66.

MARZIA RUTA, *Lea, la bambola meccanica e lo stratagemma isterico*, in «Bianco e Nero», LXXII, N. 570, 2011, pp. 29-39.

MATILDE SERAO, *Parla una spettatrice*, in «L'Arte Muta», I (1916), N. 1, p. 31.

FERRUCCIO VALERIO, *Il cinematografo e il suo pubblico (psicologia a corto metraggio)-I Bambini*, in «Film. Corriere settimanaledei cinematografi», I (1914), n. 3, p. 1.

FERRUCCIO VALERIO, *Il cinematografo e il suo pubblico (psicologia a corto metraggio)-Le Signorine*, in «Film. Corriere settimanaledei cinematografi», I (1914), n. 6, p. 1.

FERRUCCIO VALERIO, *Il cinematografo e il suo pubblico (psicologia a corto metraggio)-Le Signore*, in «Film. Corriere settimanaledei cinematografi», I (1914), n. 8, p. 1.

FERRUCCIO VALERIO, *Il cinematografo e il suo pubblico (psicologia a corto metraggio)-I Vecchi*, in «Film. Corriere settimanaledei cinematografi», I (1914), n. 9, p. 1.

MICAELA VERONESI, *Una donna vuol "rifare il mondo". Umanità di Elvira Giallanella*, in MONICA DALL'ASTA (a cura di), *Non solo dive. Pioniere del cinema italiano, Atti del convegno internazionale* (14-16 dicembre 2007), Bologna, Cineteca di Bologna, 2008, pp. 159-172.

ANNIE VIVANTI, *Secondo me...*, in «La Donna», XIII, 294, 15 giugno 1917, pp. 24- 25, poi con il titolo cinematografico e qualche variazione in Id., *Zingaresca*, Mondadori, Milano 1928, pp. 187- 203.

«Film», n. 30, 30 settembre 1919, p. 21.

«L'Aurora», 15 luglio 1907, VIII, n. 5, p. 8.

Sulle rappresentazioni cinematografiche storiche, in «Rivista Fono-Cinematografica», 4 dicembre 1908, a. II, 42, p. 4.

3) Voci enciclopediche consultate.

Baccelli, Guido di MARIO CRESPI, in *Dizionario Biografico degli Italiani Treccani*, vol. V, Catanzaro, Grafiche Abramo S.r.l., 2000, p. 13.

Canudo, Ricciotto di ALBERTO BOSCHI, in *Enciclopedia del cinema Treccani*, vol. IV, Catanzaro Grafiche Abramo S.p.a., 2004, p. 659.

Giovannetti, Eugenio di GIUSEPPE IZZI, in *Dizionario Biografico degli Italiani Treccani*, vol. LV, Catanzaro, Grafiche Abramo S.r.l., 2000, pp. 502-503.

Gish, Lillian di GIULIA CARLUCCIO, in *Enciclopedia del cinema Treccani*, vol. III, Catanzaro, Grafiche Abramo S.p.a., 2004, p. 43.

Mix, Tom di RICCARDO MARTELLI, in *Enciclopedia del cinema Treccani*, vol. III, Catanzaro, Grafiche Abramo S.p.a., 2004, pp. 105-106.

Realismo di SANDRO BERNARDI, n *Enciclopedia del cinema Treccani*, vol. IV, Catanzaro, Grafiche Abramo S.p.a., 2004, p. 581.

Indice

Introduzione   p.4

Capitolo primo: Pedagogia e cinema muto italiano

1.1 Lo spettatore: alle origini dell'*homo cinematographicus*.   p.7

1.2 Pedagogia e cinema : donne e bambini al cinematografo.   p.16

Capitolo secondo: Le teorie

2.1 Le teorie dopo il 1907.   p.27

2.2 Il *Trionfo del cinematografo*.   p.30

2.3 Il *Cinematografo educativo*.   p.34

2.4 *Il cinema e le arti meccaniche*.   p.42

2.5 Analisi comparativa dei testi.   p.60

Capitolo terzo: Il cinema educativo e la guerra.

3.1 La rappresentazione della guerra nel cinema delle origini:
dai film patriottici ai reportage della Guerra di Libia.   p.63

3.2 *Il piccolo garibaldino*:
valori risorgimentali al cinematografo.   p.72

3.3 *La guerra e il sogno di Momi*:
rassicurazioni dalle trincee.   p.76

3.4 *Umanità*: la ricostruzione possibile con il lavoro.   p.80

Appendice.   p.85

Bibliografia.   p.95

www.ingramcontent.com/pod-product-compliance
Lightning Source LLC
Chambersburg PA
CBHW040318220526
45473CB00009B/2476